最後の伝言
勇者たちとの邂逅

シュートボクシング創設者
シーザー武志
CAESAR TAKESHI

さくら舎

はじめに

少年時代はよく、やんちゃをしました。

人とケンカすることは数えきれないほど。

よく誰も殺《あや》めず、また自分も死なず、ここまでやってこれたなと思う。

高校を1年で退学し、何気なく踏み込んだキックボクシングの世界。

その後、シュートボクシングを創設し、気が付けば、選手時代も含めて格闘技人生は50年以上になる。

1985年にシュートボクシング協会（SB）を立ち上げてから、今年で38年。

波乱万丈、ジェットコースターのような人生だった。

先日、ある人に言われた。

「会長は生かされている気がします。さんざん不良をしてケンカもしてきたかもしれないけど、弱い者いじめや男らしくないことはしなかった。だから、神様に嫌われず、ここまで続けてこれたのではないでしょうか」

自分ではよくわからない。

ひょっとしたらそうなのかもしれない。

これまで、さまざまなジャンルの〝カリスマ〟と親しくさせてもらってきた。

格闘界、角界、俳優、芸術家、ミュージシャン……みな魅力的な方々だった。

そんな愛すべき人たちとのエピソードをまとめてみた。

今はこの世にいない人との逸話もある。

しかし、目を閉じれば在りし日の彼らとの思い出が、鮮明に甦ってくる。

バカバカしいエピソードもたくさん登場するが、どれもこれも大切なメモリーであることに間違いはない。

格闘技一筋でやってきた私の人生。

じつに、さまざまな出会いがあったものだと、書き終えた今、なぜだか少し笑みがこぼれる。

目次◆最後の伝言　勇者たちとの邂逅

最後の伝言　勇者たちとの邂逅《かいこう》

プロローグ THE MATCH 那須川天心VS.武尊

２０２２年６月の格闘技イベント「ＴＨＥ　ＭＡＴＣＨ　２０２２」において、世紀の一戦が行われた。

ＲＩＳＥを代表する那須川天心《なすかわてんしん》とＫ－１を長くけん引してきた武尊《たける》。

Ｋ－ＭＡＸで一時代を築いた魔裟斗《まさと》以降、日本格闘技界を支えるエースとして天心と武尊の活躍ぶりは群を抜いていた。

会場の東京ドームはコロナ禍にあっても超満員で、ここ十数年記憶にないほどの熱気にあふれていた。

それはそうだ。時代の違いはありこそすれ、立ち技格闘技業界において日本のこれほどの逸材２人が、この規模で相見《あいまみ》える瞬間には私自身も興奮を覚えた。

大会前から、格闘技関係者や格闘技ファンはどちらが勝つのか、このイベントがどうなるのかを予想して大いに盛り上がっていた。

私の予想は、天心の勝ち――。

試合の結果はご承知のとおり、KOにこそ至らなかったまでも、天心の完勝。5－0の判定勝ちだった。

この判定結果に異論を唱える人はいないだろう。

展開予想としては、序盤からガンガン仕掛けてくるであろう武尊がダウンを奪えなければ、天心がそれを捌《さば》いていく形で、徐々に盛り返していくのではと思っていたけど、予想より早く、1ラウンドで天心が武尊からダウンを奪った。

3ラウンド制でもあるため、この時点でほぼ勝負あり。天心はその後、言い方は悪いが無理をしなかった。

恐らく天心の心には余裕もあったように思う。試合はあと2ラウンドあったが、武尊が逆転するまでの場面は与えず、天心は武尊を制した。

じつは天心の父親とは長い付き合いで、試合前に天心の状態について話を聞いていた。

「今日は120％大丈夫。武尊対策がノート3冊分くらいある。4年間ずっとマークしていた。いつかやらなきいけない相手だと思ってましたから」

もともとテクニックで天心有利かと思っていたところに、天心の父親から直前情報を聞いて、よりその予想に自信を強くしたというのはある。

しかし、もっと決定的な瞬間があった。

それは、リングインする前の入場の場面。

アナウンサーが叫んだ、この一戦に懸ける武尊の決意がこう聞こえた。

「もう俺はこれで死んでもいい」

もちろんこれは正確な言葉ではない。

しかし、そんなニュアンスでアナウンサーの言葉が心に響いてきた。５万６０００人の大観衆の叫びにも似た歓声がこだまする中で。

その時、私は思ったんだ。ああ武尊、勝てないかもしれない――。

私もこの生きるか死ぬかの格闘技界で長年生きてきた人間。

勝負師というより捨て身なのかと感じた。

ようするに退路を断っているわけだ。

たしかにその心意気は一見、勇ましく見える。男気があって、いさぎよくも聞こえる。

しかし、勝負に対して、やはり後ろ向きだ。心の向きが。

この試合、リングサイドの前で見ていたけれど、武尊は試合前から表情が硬く、緊張というより血の通っていないような印象だった。

と同時に、観衆の織りなす異様なムードに酔っているようにも見えた。

実際に武尊は悲壮な顔をしていた。

世紀の一戦を前にテンションがきわまり、泣き出しそうな、人生の終わりのような。

十分すぎるほどこの試合に対する思いがこもっていて、一観客として見るぶんには興奮するかもしれないが、「ああ、武尊は死に場所を探している」と感じてしまった。

一方の天心は、この試合をステップにさらに別次元に行こうとしている。これから先も格闘技の最前線で生きようとしている。

キックボクシングの試合はこれで最後、ボクサーへの転向をすでに表明していた。

そこの差は全然違うんだ。

これからも戦う場で生きようとしている人と、死ぬ覚悟を決めている人の違い。

「もうこれで死んでもいい」っていう風にアナウンサーの言葉が聞こえたのは、もしかするとそういうことを武尊が試合前に言っていたのかもしれない。

競技者としてはその先を見据えてないと、ああいうギリギリの戦いでは生き残れないと私は思っている。

これは格闘技の世界に限らず、勝負の世界全般にいえることかもしれない。

「相手を叩きのめして、俺は絶対生き残る」というマインドは重要だと思う。

そういう前向きなマインドがあれば勝てるというわけじゃないけど、なければ絶対に勝てないんだ。

「絶対に勝ち切る」というマインドは、技術以前に勝負をする上での最低ラインだと思っている。

やはり自分が努力して実現に漕ぎつけたイベントで、興奮のるつぼと化した会場の雰囲気に陶酔して、ある種のヒロイズムの中にいた武尊。

逆に、2万人ぐらい入るＲＩＺＩＮで大舞台に慣れている天心は、自身を客観的に見つめて、会場のテンションを上手に自分のものとして利用していた。

一言で言えば、武尊より冷静だった。

マインドもそうだが、あの場面でのテクニックは天心のほうが一枚上だった。

パンチの打ち方一つ見てもそうだが、武尊は力が強くＫＯを狙った思い切りのいいパンチが得意だから、どうしても体の横からパンチが出る。

今のキックの選手の多くはパンチで勝負するが、脇が開いていることが多い。

天心のパンチは脇が締まっていて最短距離で相手の急所を撃ち抜く。武尊戦では右のリードパンチが全部、武尊にヒットしていた。

天心はボクシングのトレーニングを重ねているから、なおさら脇を締めて打っているんだ。

ボクシングは基本、胸の前からパンチを出す。

ヘビー級は別にして、隙のない強いボクサーっていうのは井上尚弥もそうだけど、ちゃんと胸の前から打っている。

アマチュア時代からずっとそうやって鍛えられてきているんだ。

それにしても、天心はすごい。テクニック、スピードがズバ抜けている。豹のように俊敏に動けるから、ぱっと打ってぱっといなくなっちゃう。なかなか相手に捕まらない。

天性の動体視力や反射神経を練習によって磨き抜いている。

小さい頃からのトレーニングを積み重ねた賜物だ。

ちなみに一つ、この試合にはウエイトの問題もあった。

武尊はいつもは60キロで戦っている。天心は55とか56キロとかで試合をしていて、日頃の体重は65キロないだろう。

逆におそらく武尊は普段は70キロ近くあるだろうが、それをいつも60キロまで落としている。

しかし今回は58キロ契約。

普段より軽い階級でやる場合、最後の2キロというのは相当厳しい減量になる。

さらに、試合前日の計量までにいったん落として、翌日試合が始まるまでに体重を戻すのも4キロまで。62キロ以内でないといけないという特別ルールだ。

そういうルール決めに関しても、天心陣営は緻密というか、うまかった。

武尊は体重のことも相当神経質になっていたと思う。

戦前、試合が長引けば長引くほど、武尊有利になるとの見方もあった。

だから3ラウンド制ではなく、5ラウンド制だったらひょっとしたらともいわれたけど、私は仮にそうだったとしても、天心の優位性は変わらなかったと思う。

5ラウンド制だったら、1ラウンド目にダウンを奪ったあとに、もっと天心が強く攻めにいっていたはず。

そうしたら、武尊も後半あんなに頑張れなかっただろう。

それにしても、天心も武尊も心が強い選手。気が強いのではなく心が強い。

心っていうのはいろんな苦しいことがあって、それに耐えて耐えて養われるもの。

徳みたいなものなんだよ。

天心も武尊も徳をもっていると思う。

ただ天心は、どうも一時期父親と上手くいってなさそうな時があって、その時は心が整っていないように見えたが、以降は本来の彼を取り戻し、本当に礼儀も正しくしっかりしていた。

心技体がそろって、充実している。

格闘家は強くなければならないのだけれど、同時に人に信頼され愛されなかったらダメなのだ。なにより本人が寂しい。

心が強いんじゃなくて、気が強いだけの人は自分が優勢のときは、イケイケドンドンとすごい攻撃性を発揮するけど、ピンチ、劣勢になったときには意外ともろいもの。

そこで頑張れるやつが本当に強いやつなんだ。

これは社会でも一緒。

調子のいいときにばーっといって、ダメなとき、どーんと落ちてしまうやつは心がもろい。

そういうやつは結局、世の中で認められないし、大成しない。

天心の名前が世に出だした頃、飲み屋で、一人の男性に声をかけられたんだ。

「シーザー会長、天心の父ですが、僕のこと覚えていますか」って。

天心のお父さんは昔、私の知り合いの人の書生的なことをしていた。

その再会から天心に親近感がわいて、彼のことについて、いろいろ話すようになった。

じつは天心はまだ中学生ぐらいの時にシーザージムに練習に来たこともあるし、有名になってからもジムの後輩が試合に出るっていうんで、シュートボクシングのアマチュア大会に、セコンドとしてよく来ていた。

純粋ないい子だなとその当時から感じていた。

自分の名前が売れて有名になっても、後輩の面倒を熱心にみている。ちゃんと挨拶もできる。

小さい頃から見ているけど、あれだけの反射神経の選手はなかなかいない。

天心は結局、格闘技47戦無敗（キックボクシングは42戦）のまま、プロボクシングに転向した。

ボクシングの世界で頂点に立てるかどうかは私にはまだ予想がつかない。

ボクシングは、名前は似ているけどキックボクシングとは全然違う競技だから。

まず間合いが違う。

天心自身、メイウェザーとの変則マッチをやった時にわかったと思う。

素早く打っても打ち返される。

もちろん体重が大きく違うんだけど、自信のあるパンチを打ってもガードされてパカンと打たれて、吹っ飛ばされていた。

天心のボクシング転向にあたり、一つ少し心配していることがある。それはそのメイウェザー戦での経験なんだ。

引退したとはいえ、メイウェザーはやはり世界トップ中のトップとして君臨する超一流のボクサー。

そんな世界的な人物と拳を交えることができたというのは、ものすごく貴重な体験ではあったと思う。

しかし、脳というのは一度強い衝撃を受けると、そのインパクトやダメージをインプットしてしまうんだ。

その残像があまりにも強いと動きが悪くなるというか、正直、怖くなる。

脳が恐怖を覚えてしまうんだよ。

でもこれからボクサーとして試合をしていくなかで、メイウェザー戦の影響なんて感じ

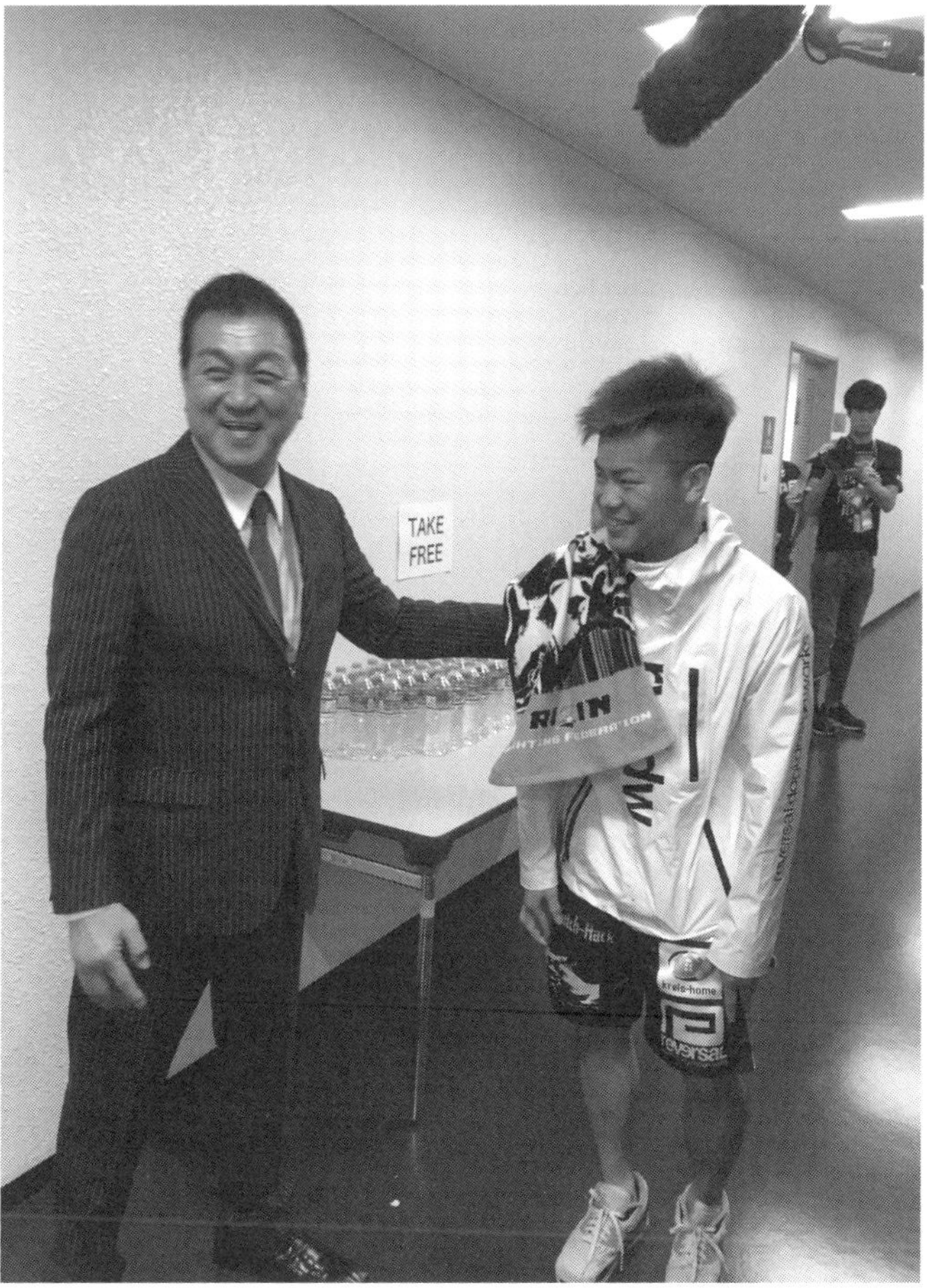

著者（左）と那須川天心（右）

させないファイトを見せて欲しい。

余談だが、階級も大きく違うあんな試合は、エンターテインメントとしてはすごいマッチメイクだが非常に危険だ。

何度も言うけど、キックボクシングとボクシングは全然違うんだ。

メイウェザー戦は、キック禁止のボクシングルール。

天心は大きな長所である蹴り技を封印されたわけだ。

メイウェザーにとって、蹴りが飛んでこないと思ったら、安心して前へ詰められる。

自然と至近距離での攻防になるけれど、キックボクシングで強烈な蹴りを打てる距離はあと一歩分遠いんだ。

戦う距離感、間合いがキックボクシングとボクシングではまったく異なる。

そもそもにおいて、体重に大きな差がある試合は、大けがをする可能性が高く、通常はやらないもの。

メイウェザーは試合前に叙々苑で焼肉を食ってから会場に来ているんだから、もはや完全に舐めていたよね。


今、格闘技界が期待しているのは、〝モンスター〟こと井上尚弥とキック無敗の天心の夢の対決。

天心はボクシングではまだグリーンボーイだし、よっぽど実績を積まない限り実際に戦うなんてことはないだろうけど、格闘ファンなら観てみたい気持ちはあるよね。

ボクシングで試合をしたら、それはもう日本ボクシング界の最高傑作にして〝世界の井上〟なわけだから、現段階で両者を比べるつもりもない。

しかし、キックボクシングルールでやったらどうなるか⁉

さすがにそれは天心が強いだろうとか、それでも井上が倒すんじゃないかとか、議論は尽きないよね。それが面白いんだ。


昔、西城正三《さいじょうしょうぞう》という世界チャンプのボクサーがいたんだよ。

その西城がキックボクシングに転身したけど、ボコボコにやられてしまった。

セコンドがタオルを投げてＫＯ負け。キックボクサーとしては大成しなかった。

逆に、うちのジム（シーザージム）にいた阿部《あべ》健一《けんいち》は、シュートボクシングからボクシングに転向した。

かなり強いファイターだった。

しかし、ボクシングの世界で全日本のライト級新人王になったけど、そこまでだった。

やはり、ボクシングとキックボクシングは大きく異なる、別のスポーツで、求められる資質も違うものなんだ。


余談ながら、私の現役時代の話を一つ。

私自身は、パンチが下手だった。

メインの武器は足。

若いときは特にローキックと前蹴りが得意だった。

殴りに行くふりをして、ノールックで前蹴りを相手のみぞおちに入れるんだ。

自分でいうのもあれだけど、みぞおちに蹴りを入れるのが上手くて、よく相手を、のたうちまわらせた。

やんちゃをしていた若かりしときも、いざケンカとなっても最初に出るのは手ではなく、足。パンチではなくキックが先に出る。

やっぱり私にとっては、キックボクシングは天性のスポーツなんだと思う。

今を時めく、ボクサー井上尚弥。

彼とは接点はないけれど、やっぱり基本動作が完璧で動きがとても綺麗だよね。

アマチュア出身の選手というのは、パンチの打ち方もバランスよく理にかなっているし、やっぱりすごいなって思う。

あの選手も、天心そして今シュートボクシングのエースとして活躍している海人《かいと》と同様、親子でやっている。

親子っていうのは私生活でも一緒だ。

で、トレーナーとして練習まで見るわけだから、信頼関係が一番強い。

トレーナーである父のいろんな教えが一番ちゃんと伝わる関係性。

お父さんがアマチュア出身だから、基本からみっちり教えている。

アマチュアボクシングっていうのは組織としてちゃんとしている。

私から見ても、井上尚弥というのは日本ボクシング史上ナンバー1の選手だね。


ボクシング界には友人もいる。

学年では一つ上だけど、同い年の渡辺二郎。

彼は元WBA・WBC世界スーパーフライ級王者で、とても強かった。

浪商高校時代は、水泳の選手でインターハイ優勝。その後、日本拳法に転向し、日本拳法でも日本一になる。

追手門学院大学に行ってからは世界選手権4位にもなっている。

運動神経の塊のような男。

彼が学生のころ、一緒に遊んでいたんだ。

大阪の街でつるんで、ケンカもたまにしたね。

ケンカの世界はなんでもありの世界。だから頭の良さと冷酷さがないと勝てない。

彼は強かった。そして、追手門学院大学の文学部英米語学文学科を卒業したぐらいだから、頭も良かった。

競技は違うけれど同じ格闘家ということで、彼とは気が合ったのかもしれない。

あるとき、キックボクシングの世界に誘ったら、「キックは怖いわ」って断られて、彼は大学卒業後、ボクシングの世界にいったんだ。

それで、ボクシングでもトントン拍子でチャンピオンになっちゃうんだから、すごいよね。

渡辺二郎のような天才をはじめ、これまで凄い強い男を見て来たけれど、ことボクシングの世界においては、それでもやっぱり井上尚弥は、とび抜けた存在だと思う。

もしかしたら、キックありのルールでも天心や武尊のような、あるいはそれ以上の結果を残すのではないか、一瞬そう思わせるくらいの強さが井上尚弥にはあるね。

1 RENA

最近は女子格闘技界も盛り上がってきている。

その中心にいて、長くけん引してきたのがＲＥＮＡ（レーナ）。

大阪出身の彼女は美人４姉妹の末っ子。

格闘技の道に進んだのは、荒っぽい３人の姉たちに負けないためだったらしい。

嬉しいことに彼女が12歳の時にたまたま入門した大阪のジムが、シュートボクシング協会の加盟ジムで、良い選手を数多く輩出していた及川道場というジムだった。

ズバ抜けたセンスでアマチュア時代から連戦連勝、女子の対戦相手がいないから成人男子選手と試合をして、それでも勝っていたほどだ。

彼女は16歳でデビューしたんだけれど、強いのはもちろん立ち振る舞いや戦い方が綺麗でオーラがあった。

だから彼女はスターになると思って、2009年に日本のトップ女子格闘家を集めたトーナメント『Girls S-cup』を開催したんだ。

それ以前にも、私は1997年にシュートボクシングの女子だけの大会を開催しているんだけれど、それはなぜかというと男子の試合の中に混ざってしまうと女子の試合はどうしてもインパクトが薄く見えてしまうから。女子の試合には女子なりの華やかさやガッツがあるからそれをお客さんに伝えたいと思っていた。

RENAは久々の女子だけの大会となったその第1回『Girls S-cup』でぶっちぎりの優勝を収め、スターへの階段を上り始めた。

その翌年に、今度はアメリカ、オランダ、タイ、オーストラリアなど各国から本当に強いチャンピオンたちを集めて『Girls S-cup』の世界トーナメントを開催したんだけど、RENAはその大会でも見事優勝。その後、前人未到の3連覇を達成した。

2015年に、彼女はもう一段階ステップアップするために東京・浅草の本部ジムに移籍してきたんだけれど、実はその時にRIZINの旗揚げ戦に出場させる計画が進んでいたんだ。

RIZINの立ち上げ前から、榊原信行氏は、女子の試合が重要だと捉えていて、「R

ＥＮＡさんに出場してほしい」と打診されていた。

しかし、ＲＥＮＡはＳＢで活躍するシュートボクサー、立ち技の選手だ。ＲＩＺＩＮは総合格闘技なので、出場するとなれば寝技をマスターしなければならない。

そこでＲＥＮＡに聞いてみた。

「総合格闘技に挑戦してみる気はないか？　ビックイベントになるから、そこで活躍したらスターになれるかもしれないぞ」

彼女の返事は「総合なんか怖くてできません」だった。取りつく島もない感じだ。

そこで、取り敢えずどんなものか練習だけでもやって見てはどうだ？　と促して、阿部博幸くんが主宰するＡＡＣＣに通わせてみたんだ。

その1カ月後、もう一度聞くと、どういう心境の変化があったのかは分からないが、「会長、総合挑戦してみます」と言ってきた。

彼女は、シュートボクシングやキックボクシングなど立ち技においては、誰も成し遂げたことのない華やかな結果を出し続けてきて、ある意味燃え尽きかけていたのだと思う。

しかしそこで新しい格闘技の技術を覚えて、スパーリングなどで悔しさを味わっているうちに、持ち前のチャレンジ精神が湧き上がってきたのではないだろうか。

それからは必死に寝技など総合格闘に必要な技術を練習して、今や立ち技でも寝技でも勝負できる、日本を代表する格闘家になった。

これからのRENAには、まだまだやる気があるうちはUFCとか世界にもチャレンジしてほしいと思っている。

世界を狙える数少ない女子選手だよ。

負けてもいいんだ。負けてもいいからそこまで行ったんだっていう自身の誇りと、世界を相手にしているという価値を身に付けてほしいと思っている。彼女自身のために。

RENAも天心と同様に本当にハートの強い選手で、とにかく負けず嫌い。一番でなければいやだという性格。

しかし、ファイターはそれぐらい突出していないと強くなれない。


シュートボクシングには、加盟ジム同士のランキング戦があって、当時、大阪・及川ジムに所属していたRENAが圧倒的に強かった。

だから、打倒RENAで女子選手たちはみんな必死になって練習していて、2011年6月、SB日本レディース王座決定戦で、RENAがケガからの1年ぶりの復帰戦ということもあったが、東京・浅草のシーザージム所属の高橋藍が判定でRENAに勝ったんだ。

この敗戦はRENAにとって相当ショックだったようで、その落ち込みようは、再起は無理かもと周りの人が思うほど。

しかし、少しの間をおいて、ＲＥＮＡは持ち前の負けん気で、驚く勢いで這い上がってきた。

そこからのＲＥＮＡの成長はすごいものがあった。

やっぱり人間って、ずっと勝ってるよりは負けを知ってるほうが、より強くなるものだと思う。

ハートはもちろんだけど、ＲＥＮＡの格闘家としてのストロングポイントは、とにかく教えたことはなんでもできること。先の天心と同じだ。

RENA

反射神経のよさが特にすごいんだけれど、やっぱり、トップレベルでうまくなる、強くなるやつには共通しているものがある。

まず、キックやフットワークにおけるフォームが美しい。

下手な人はぎっこんばったん、攻撃するにしても防御するにしても、試合中、体の上下の動きが激しい。

うまい人は、目線の高さがずっと変わらないんだ。

肩、腰、ヒザの高さの位置が安定している。

たとえば、フィギュアスケートの選手がスケートリンクの上を滑るときのような、すーっとした動き。滑らかに平行移動する感じといったらわかりやすいだろうか。


ヒザの柔らかさとか見ると、これから強くなる人かどうかわかったりする。

ヒザや足首を柔らかく使えるかどうかは、すごく重要なんだ。

人間の体には無駄なところはなくて、すべてのパーツをうまく使えるやつはすごい。

特に立ち技は、ヒザと足首が大事。これらが体のバランスを取るうえで重要な役割を果たしているんだ。

たとえば車でも、軽トラみたいな車だと、道路のデコボコそのままに振動が起きてガタガタうるさかったりする。

けれど、高級車は多少のデコボコ道でもサスペンションが優秀だから、衝撃を吸収して車内は静かだったりする。

車でいうところのサスペンションの役割がヒザや足首なんだ。

ジョギング一つとっても、ヒザのクッションを使って走っている人と、そうでない人は

RENAの美しいキックフォーム　© RIZIN FF/Susumu Nagao

はっきり分かる。ヒザのクッションを使えていない人は動きが硬くてドタバタした走りになっている。

たしかに、ヒザや足首の柔軟性や可動域の広さは生まれ持ったものの要素もあるけれど、努力でカバーできる部分も多い。


RIZINに出るようになってから、RENAは寝技を重点的に鍛えている。

そんな彼女に私はたまにこう言っている。

「寝技の練習をたくさんしているけど、そんなのお前さんに必要ないよ。RENAのパンチとキックはすごいんだ。ある程度、寝技でしのげたら、あとは全部立ち技で勝負するんだよ」と。

ちょっと前まで総合のジムばかり行ってい

たけど、最近はまた浅草のジムに来て打撃の練習をしている。

Ｋ－１のミルコ・クロコップなんか、総合の試合でもほとんど立ち技でしょう。あれでいいんだ。

立ち技で戦える選手っていうのはなかなかいない。

あえて言うけれど、寝技は何年かやれば覚える。

佐山聡の言葉じゃないけど、立ち技は一生。

「寝技一年、立ち技一生」っていうぐらい、本当は立ち技って難しい。

たとえば、急に道端でケンカするとしたら、前後左右３６０度注意していなければならない。

いきなり複数の相手を敵にしたときに、寝技が強いからといって一人一人転がして極めたり絞めたりするなんて無理だからね。

だから多人数とケンカするときは、絶対に敵の集団の真ん中に一人で入っちゃダメ。

壁を背にするとかして、戦う面積を半分消さないといけないんだ。

敵に後ろに回られることが一番不利。床に寝かされてしまったら袋叩きにされるよ。

ＲＥＮＡの長所には、当て勘のよさというのもある。

当て勘がいいというのは、動く標的に対して、打とうと思った瞬間にぱっと手を出し、当てるその精度の高さのこと。

もちろんパンチの速さもあるけれど、やっぱり反射神経の速さなんだね。

相手に当たると頭で思うからパンチを出しているんじゃなくて、もう感覚で出して、実際にパンチが狙ったところに当たっているんだ。

この当て勘のよさっていうのも天心とＲＥＮＡの双方にある。

じつは私なんかにはないんだよ、この当て勘ってやつ（笑）。

手（パンチ）は全然ダメ、だから蹴りを覚えたんだ。

プロになって毎日記憶がなくなるほど蹴り続けて、一番の武器ローキックを自分のものにした。

殴られてもいいから、必殺のローキックで倒すという自分なりのスタイルを確立したんだよ。

攻め手としてはそこ（太腿）一点で、もう相手からの攻撃に耐えて耐えて（笑）。

現役時代、一度１９５センチ１００キロの相手と戦ったことがある（ちなみに私は１７５センチくらい）。

でかくて大変なんだけど、逆にいうと的（相手）が動かないから、ある意味やりやすくもある。

殴られて痛いけど耐えて（笑）、ローキックの連打。

人間って面白いもので、相手に対して斜めから角度をつけて蹴ってもあんまり効かない。

しかし、立っている相手の身体や足に対して、垂直に蹴りが3発入れば必ず倒せる自信があった。

変に、上からとか下からとか角度をつけると力が逃げちゃうというか、衝撃が甘くなる。すべるし。

あとは、蹴りを打ち込んだあと、ぱっと素早く引く。

ようするに当たったところにインパクトの衝撃を残すわけだ。

一見引かずに押し込んだほうがインパクトが強い気がするし、実際に相手も倒れたりするけれど、それは単純に力に押されて倒れただけ。パンチでもなんでもそう。

相手の芯に本当のダメージを残せてはいないんだ。

押し倒すのと、意識を飛ばしたり、痛みを効かせて倒すのとは違う。

プッシュ（押し）では、そんなには効かない。それに吹っ飛ぶ倒れ方というのは力や衝撃が逃げているということでもある。

打ってすぐ引くパンチや蹴りの衝撃は、相手に振動を起こさせてダメージを残す。力が

195センチ100キロの相手と戦い勝利した著者

逃げていない。

だから、パンチもキックも当てたら引かなきゃダメ。

さらに、引くときもパンチなら手で引いちゃダメで、手ではなく体でもって打って、体で引く。パンチも手打ちパンチになってしまうからね。

足も含めて身体全体の力を一つに集中して相手に当てる。その練習をしなければいけない。

そういう練習をいっぱいするんだけど、実際はなかなか難しいのが本当のところ。相手はサンドバッグじゃなくて人間なので当然動くんだ。

RENAは人間性でも優れたところがある。

後輩の面倒見はいいし、末っ子だけど姉御肌なんだ。

偉いなと思うのは、リングで勝ったあと、どれだけ有名になっても「シュートボクシングのRENAです」と言うところ。

そこ大事なとこなんだ。

RENAは勝ったあとのマイクパフォーマンスで必ず指の形がシュートサインになった棒みたいなものを持って「シュート」って決めゼリフを言ってくれる。嬉しいよね。

棒の先についてる手の飾りは、いわゆる〝シュート〟のサインを表している。

ちなみにこの、シュートボクシングという競技名についてなんだけど、カール・ゴッチさんがいた時代のプロレス界で「シュート」といえばガチンコの真剣勝負を意味する言葉でもあって、それも由来の一つなんだ。

それと「1、2、3、シュート！」というあの掛け声は、当時スカパーの番組内でMCを担当していた三又又三《みまたまたぞう》が私に提案したんだと本人がやたらと言ってくるんだけど、私は信じてない（笑）。

RENAはRIZINのリング上をはじめ、メディアやいろんな場面でシュートボクシングを宣伝してくれている。RENAには感謝している。

うちの協会には今、海人《かいと》っていう強くて将来有望な選手がいる。

彼もインタビューとかで必ず、「シュートボクサーが一番でないといけない。だから僕は頑張る。シュートボクシングを僕は世界に広める」って言ってくれるんだよね。

みんな私には直接言わないけどね。


こないだ髙田延彦と飲んだんだ。

「会長のところの選手はみんなシュート愛がすごいですよね。礼儀作法もできている」って、髙田も興奮してしゃべっていた。嬉しかったな。

格闘家って常識人じゃなきゃダメだね。

人としての常識がなかったら、単なる乱暴もんでしょう。

最近、格闘技を中途半端にかじったりしてて、強くもないのに一般人に対して狼藉を働く半グレみたいなヤツのニュースを見かけるよね。

私は中途半端なやつでも、ちゃんと人としての常識をシュートボクシングという競技を通じて伝えていきたいって思っている。


最初はキックボクシングの世界にアマチュア部門はなかった。

私が現役を退いてアマチュア部門を創設したんだ。今じゃどこの団体でもやっているけれど。

プロの選手がアマチュア選手を育てていく、というスタイルをちゃんと確立すれば、技量はもちろん人間性の面でもどんどん人が育ってくると考えてやってみたんだ。

うちの協会の海人、笠原《かさはら》弘希《ひろき》・友希《ゆうき》兄弟、山田《やまだ》虎矢太《こやた》・彪太郎《こたろう》にしてもアマチュア時代から礼儀作法を大事にさせてるから、みんなちゃんとしてる。

もちろん地方ジムの選手たちもそのジムの代表が指導しているからすごくいい子。気遣いができるんだ。


同じ団体の加盟ジム内でランキングを争ってチャンピオンを目指すのはもちろん本道だけど、シュートボクシングは他流試合ばっかりやってる。

宮本武蔵みたいなもんだね。

シュートボクシングはパンチ、キックだけではなく、投げも極めもある。ヒジ打ちだってあるから本当はもっとバンバンいけるんだけど、出場する大会のルールに従って制限内の技で勝負している。

そこにシュートボクシングの技術的、精神的な余裕がある。

創設者ながらこの競技を誇りに思っているね。

シュートサインのポーズで決めるRENAと著者

2　アントニオ猪木

アントニオ猪木さんは、私にとって忘れられない人。

マット界という広い意味では同じかもしれないけれど、基本的にプロレスと格闘技は全然違うジャンル。

プロレスは「受けの美学」を追求するもので、格闘技とは正反対。はっきりいって、初代タイガーマスクこと佐山聡を通じてプロレスと関わるまでは、プロレスのことはあんまり好きじゃなかった。

子どもの頃は、力道山や木村政彦とかは喜んで見ていましたよ。〝噛みつきブラッシー〟とか。

でもどうせ八百長だろうって、冷《さ》めた目で見ていた。

猪木さんとの交友関係の始まりは、佐山にキックを指導し始めたことがきっかけだった。

それまでにも猪木さんとは何度かお会いしたことはあったけれど、その場かぎりのこと。会話はなかった。

佐山を介して、改めて猪木さんにご挨拶してからお付き合いが始まり、以来、会えばいつも言われるのは「佐山がお世話になっています」。

いつまでも佐山がかわいいんだろうね。


新型コロナが流行するちょっと前のこと。

猪木さんが私の誕生日に合わせて、旅行に招待してくれたんだ。

行き先は、猪木さんいきつけの伊豆・下田のホテル。

最初の出会いの日からずいぶん長い年月がたっていたけど、それまで猪木さんに誕生日を祝ってもらうことなんかなかった。

きっとなにか私に仕事で手伝ってもらいたいことがあったからなんじゃないかと思ったんだけど、最後まで何もおっしゃらなかったから、今となってはわからない。

とにかくうれしいお誘いだったから、猪木さんご夫婦とともに東京駅から下田まで電車で行ってね。

忘れられないのは初日の夜。猪木さん、ちょっと席を外したと思ったら自ら誕生日ケー

アントニオ猪木さんは自ら誕生日ケーキを持ってきてくれた

キを持ってきてくれてね。本当に気遣いの人なんだ。

そのホテルには広いダンスホールがあって、カラオケセットなんかがある。

そのホールで猪木さんと一緒にカラオケをやったんだ。

猪木さんが歌ったのは、ドラマ水戸黄門の主題歌「人生楽ありゃ苦もあるさ～♫」という曲。

猪木さんが歌うと、なんともいえない味があってね。

猪木さんのこれまでの苦労やいろいろな人生が思い浮かんでジーンときた。

私もシュートボクシングという団体を作って苦しいことがいっぱいあったけど、猪木さんも新日本プロレスという大団体を立ち上げて、さまざまな辛苦を乗り越えてきた。

「誰しもやっぱり上に行くのにはみんな苦労してるんだよな」なんてことを思っていると、猪木さんが「シーザーさん、次にこれを歌っていいですか」って聞いてくる。

なにかと思ったら、アニメ「タイガーマスク」のテーマソング。

「白いマットの〜、行け行けタイガー、タイガーマスク〜♫」って猪木さんが一生懸命歌うんだよ。アニソンを歌う猪木さん、ギャップが面白かったね。

それで猪木さんに聞いたんだ。「やっぱり佐山がかわいいんですか?」って。

そしたら、猪木さん、ニコッとしてうなずきながら「儲けさせてくれたから」だって(笑)。冗談もセンスがいいんだよ。

実際、1980年代のタイガーマスクブームはすごくて、日本全国どのプロレス会場に行っても超満員。タイガーマスクのグッズも飛ぶように売れたらしい。

今と違って、なんでも現金払いの時代。売り上げたお札をダンボールのみかん箱に足で踏んで無理やり押し込んで、それでも入りきらなかったと言ってた。

じつは猪木さんと親しくなる前、雑誌とかの取材でよく「猪木なんかいつでもやってやる!」なんて冗談を言っていた。

そんなある日、猪木さんと同じリングに立つ機会があってね。

そしたら、先にリングに上がっていた大スターの猪木さんが、私がリングインしやすいように、ぱっとロープを上げてくれたんだよ。

普通、ロープを上げるのは、弟子たちの役割。

「この人、やっぱり大物だな」と思って感動したね。

自分といえば、冗談とはいえ「猪木をやってやる！」なんて雑誌で言っちゃっているわけでしょう。「俺は小僧だな」と思って恥ずかしくなっちゃった。


猪木さんとの交流が始まってからは六本木のクラブなんかでよく一緒に酒を飲んだ。

私のほうがずいぶん年下だったけど、ちゃんと尊敬の念をもって接してくれた。偉ぶることをまったくしない。

そして、やっぱり会うたびに猪木さんは、「シーザーさん、佐山がいつもお世話になっています」。

そんなにいつも佐山に会っていたわけではないので、こちらも恐縮してしまう。

私が佐山に蹴りを教えていたことが、ずっと猪木さんの頭に印象として強くあったみたい。

一緒に飲んでいても、猪木さんはあまり多くは語らなかったな。

いろいろ苦労もあったはずなのに、私に弱音や愚痴、誰かの悪口を言ってきたりすることもない。

同じ格闘家同士で互いに団体の長。実際にあんまり話さなくても、なんか通じあえていたと思っている。


プロレスラーとしては、猪木さんは長く糖尿病を患っていたみたいだ。

病を抱えながら、ずっとリングに上がり続けていて、試合終わりにはいつも氷風呂が用意されていたらしい。

猪木さんは試合が終わると、血糖値を下げるために、真冬でもその氷風呂に入っていたという。

ものすごいプロ根性だよね。

一方で、ジェラルド・ゴルドーとの引退試合では、リングを降りてきて、こんなことを言ってしまっていた。

「あの野郎、本気で蹴りやがった！」

猪木さん馴染みの店にて

猪木さんは細かいことをいわないタイプで、大変なことがあっても、愚痴もいわないで自分の心の中におさめている。

いろいろ経験していて、耐えることを知っているから、慌てず騒がず。自分の生き方をずっと真っ直ぐに突き進む人間的な大きさが猪木さんにはあった。

私のために、企画してくれた誕生会旅行。東京から伊豆への道中、猪木さんはどこに行ってもみんなに声をかけられるし、誰とでも気さくに写真を撮るんだ。

駅に止まるたびに、駅員さんが猪木さんに気付いてソワソワしていたよ。

下田では猪木さん馴染みの干物屋に行った。ぶわーっとものすごい煙が立ち込める中、

「シーザーさん、ここの干物うまいんです」なんて言って、すすめてくる。煙の中で干物を他のお客さんたちと一緒においしそうに食べる猪木さん。どこに行ってもスター気取りをしない素敵な方だったね。

2022年10月1日、この本を執筆中、猪木さんは鬼籍に入られた。今でも猪木さんへの尊敬の思いは尽きません。

3　佐山聡

たしか１９８４年だったと思う。ＵＷＦの試合が後楽園ホールであって、本当はあまり行きたくなかったんだけど、友人の誘いで仕方なく見に行ったんだ。友人いわく「新しいプロレスをやっている」のだという。

そんなモチベーションだったからぼんやりと試合を見ていたのだけど、途中でおやっと思った。

これまでのプロレスと違って、けっこう本気で蹴り合いをしていて、「おお、凄いな。今までのプロレスと違うじゃん」と驚いたよ。

だからといって、それ以上踏み込むつもりもなかったのだけれど、友人はメインを張る佐山聡（初代タイガーマスク）ともつながりのある人物で、試合終わりに、「佐山に会ってくれますか」って言われて、控室で佐山を紹介されたんだ。

彼は会話の受け答えがしっかりしていて、思っていたよりずっと好青年だった。

それが佐山と私とのファーストコンタクトだった。

実際は日本プロスポーツ大賞の授賞式などで一緒になったりしていたのだが、ろくに挨拶もしていない。

佐山は以前から私の試合を見ていたらしい。その場で「シーザーさん、キックを教えてもらえませんか」と言ってきたんだ。

佐山は新日本プロレスを退団していて、私と会ったときはタイガーマスクではなく、ザ・タイガーとしてリングに上がっていた。

佐山は黒崎健時《くろさきけんじ》さんの目白ジムで、キックを学んでいたから一応の基礎はあったけど、もっと本格的に学びたいということで教えを乞うてきたんだ。

ちょうどその頃というのは、神奈川のジムをやめて、東京に一人で出てきていた頃で、時間があった。単純にいうと暇だった（笑）。

「ちょうどいいかな」ということで、佐山を指導することになった。

数多《あまた》いるキックボクサーの中で、なぜ佐山が私から習いたいと思ったのかは知らない。たぶん出会いのタイミングがよかったからだろうけど、波長も合ったんだと思う。

大阪～神奈川時代、私はパンチパーマをあててたんだけど、東京に来てからは、ちょっとナヨっとしたような今風な髪型にしていたんだ。

見た目から一般の人に受け入れられるように変えていかなければ、これからの格闘界はダメだと思っていた。

みんなが怖がるような風貌をしている格闘家の時代は終わりにして、一般の人がカッコよさに振り返るような存在になろうと決めた。

自分では時代を先取りしている気でいたけど、佐山も革新的な人間。今思えば、好みというか志向が似ていて、そういう相性もあったかもしれない。

パンチパーマ時代の著者

佐山はそのころスーパータイガージムという自前の練習場を三軒茶屋に持っていた。
「一般練習生が帰ったあとに、このジムで教えてほしい」ということだったから、いつも練習開始時間は遅かった。
キック指導をはじめる前、早めに到着した私がレスラーとしての佐山の練習ぶりを見ていると、実に地味な練習を熱心にこなしている。

それはショーアップされた華やかなプロレスラーとかけはなれた姿で、プロレスに対する見方が少し変わったんだ。

シナリオがあったとしても、100キロを超える大男が頭から落とされたにもかかわらず、再び立ち上がってくるんだ。

なぜ、そんな芸当ができるのか。その理由の一端を垣間見たね。

佐山とのマンツーマンの練習は1日3時間くらい。毎日じゃないけど、週の半分くらいは行っていたと思う。

そんなある日、佐山が「彼らも一緒に稽古つけてもらっていいですか」と言って後輩を連れてきた。

それが、山崎一夫、前田日明、高田延彦たち。

「おお、いいよ、どうせ一緒だから」といって、UWFのメンバーたちにも教えるようになった。

前述したように、佐山はキックの基本はできていた。

ただ実戦的な練習をしてないから型ばっかりで、見栄えはいいけども本番じゃ使えないレベルだった。

プロレスラー相手だったら使えるけど、キックボクサー相手には通用しないキック。

プロレスラーって相手の技を受け止めてナンボじゃない？

いわゆる待ってくれるというか、受けてくれる。

しかし、キックボクサーは蹴られることを、極力防ぎたいわけだ。

彼らプロレスラーは、蹴られてそれを受ける美学を持っている。

表情も含めて魅せるんだ。


余談だけど、やっぱりプロレスラーでも売れないやつは、やられたときの表情が悪いんだ。

やられたとき、痛さがはっきりと周りに伝わる表情をしないといけない。

一方、キックボクシングは逆に痛い素振りを見せちゃだめ。

プロレスはある意味、映画の世界と似ているね。

何度かアクション映画に出演したことがあるんだけど、「鉄拳」という菅原文太さん主演の映画に出たときのこと。

格闘シーンで私がいつもの感じで、ノーモーションのパンチやキックを繰り出すと、監督から「会長、ちょっと速すぎてカメラが追いつきません」と指摘が入ってしまう。

相手の俳優さんもよけきれない。

だから一呼吸おいて、馬鹿野郎！　なんて叫びながら腕を引くような予備動作を大げさに入れて、ゆっくりやらないと画にならない。

格闘シーンというのは映画の世界ですごい勉強した。

佐山のキックは基礎ができてるっていったけど、基礎ができているというのは形ができているということ。

前述したとおり、蹴る角度が重要なんだ。

単に蹴ったらいいというものではない。

効果的な攻撃ほどカッコいいし、ダメージを与えられるんだ。

それで、当たったらそれでいいんじゃなくて、当たった瞬間、スナップを効かせるのが大事。

当たった瞬間に引くようにスナップを効かせることによって振動が起きるから、筋肉の奥や内臓に響くんだ。

パンチも同じ。

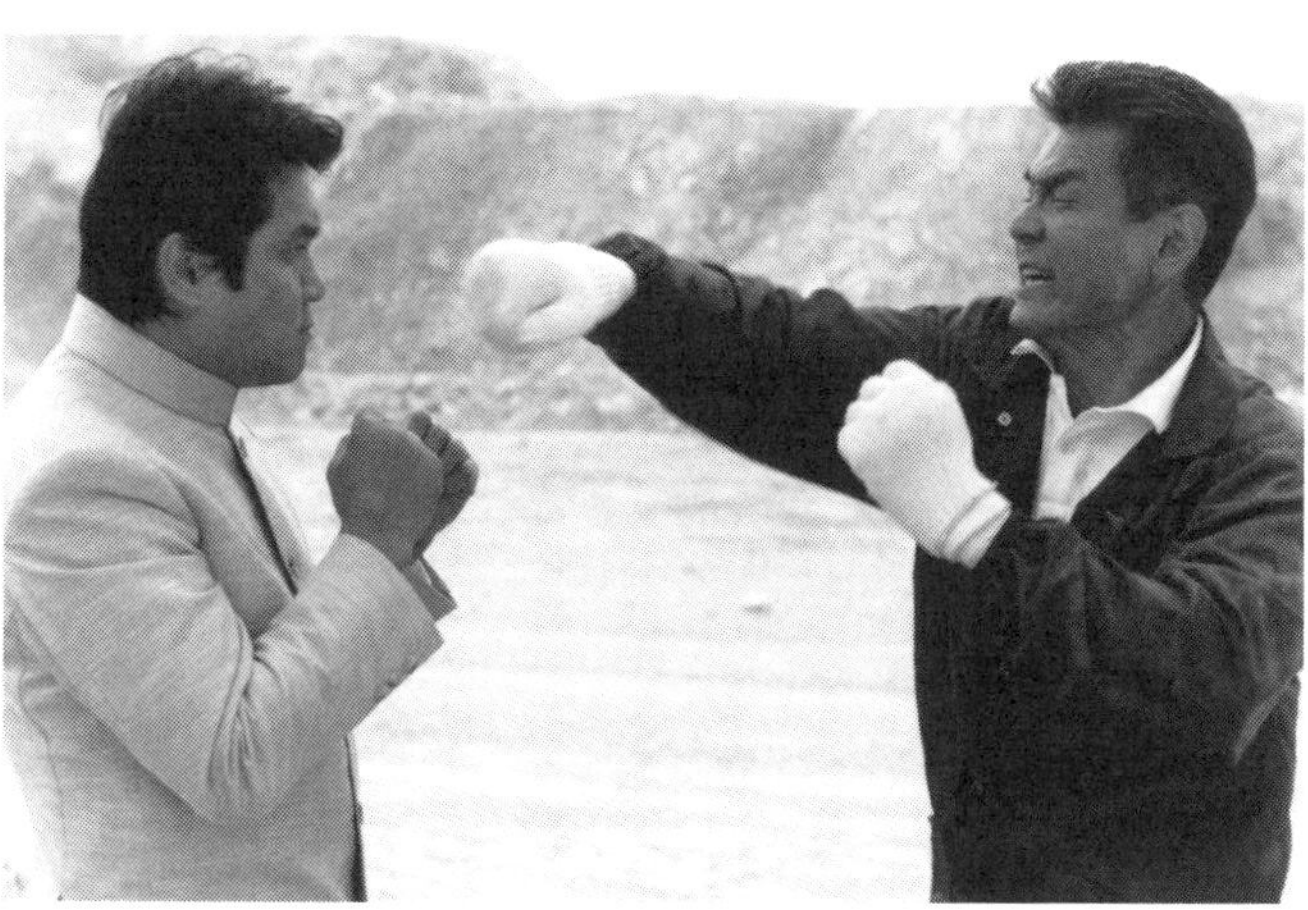

映画「鉄拳」における菅原文太さん（右）との格闘シーン

悪役を演じる著者

打ち切るような感じで打つと相手は倒れるけど、ダメージはそれほどでもないから再び起き上がってくる。単なるプッシュになってしまっている。

でもパンって当たったときに腕を引くと相手の脳に振動が起きる。

それで相手はダウンする。

当時の佐山のキックはあくまで形だけの話で、実戦には使えないものだったが、すぐにコツを飲み込んで、いいキックを打てるようになった。

一回だけ佐山が「キックボクシングルールでスパーリングやってもらえませんか」って言ってきたことがある。

「大丈夫？」って確認した上で、いざ始めると、あいつは目いっぱい攻撃を仕掛けてきた。マススパー（マススパーリング。体にダメージが残らない程度の強度で行う実戦形式の練習）というのを知らないからね。

しょうがねえなと思って、ハイキックを蹴ったら、あいつそれをかわすんだ。

だからもう一回蹴ってやろうと思って、ハイキックを放って、佐山が再びかわそうとしたその瞬間にキックを止めて横蹴りに切り替えた。

そしたら見事に顔面にヒットしちゃってね。「ああぅ、歯が折れたかもしれません」と倒れて、「やめましょう、やめましょう」ってその場でやめたんだ。

どうもその時の様子を密かに撮影していたのがいたようで、動画がけっこう出回っていたらしい。


佐山も蹴ってきたけど、当たらないからね。

ローキックもしっかりカットされたら蹴れない。

蹴るときと同様に、カットするときも直角に受けたら蹴った相手の足の骨が折れることもある。

しっかりガードされると痛いんだよ。

今はやりのカーフキックなんていうのは、じつは蹴る側にとっても一番危険な技だったりする。

足の甲から足首の部分で相手のすねの真横を蹴るからね。

人間の体の中で、すねの上部とか頭蓋骨は非常に硬い。

だから、防御を考えたら前足に重心をかけすぎないで、いつでも相手のキックをカットできるように、足を上げられる状態にしておかなければならない。

自分のことでいえば、もともと体は結構柔らかかった。

それでパンチよりキックに自信があった。

パンチはへたくそ、苦手。

これはパンチをちゃんと教えてもらわなかったということもある。アップスタイルの構えからパンチを出すという基本を教えてもらえなかったんだ。いま選手たちには、構えからパンチの出し方まできちんとしたパンチを打つように口うるさく指導している。

比較するわけではないが、空手や拳法とかは、やはり構えが低い。アップに構えず低い位置からパンチを出すと、パンチの速度は速くなるけど、顔面攻撃ありのルールで、接近して戦うとなると難しいものだ。


プロレスラーは相手と一緒になって練習するということをあまりしない。寝技はやるけど、立ち技のスパーリングはほぼやらないんだ。

佐山との最初のスパーリングの印象としては全然ダメだったけど、その後、彼自身だいぶ研究したようで、いつだったか今度は路上で軽くスパーリングしたことがある。

そしたら佐山は、相手を転がすことを学んできて、足払いとかで何回か転ばされた。路上とか痛いよね、このやろうと思ったよ（笑）。

足を絡めてまで攻撃してくるっていうのは、なんとかして少しでも認めさせたいということだったのかな。

「僕、成長しましたよ。少しはやりますよ」っていう。足払いだけどね（笑）。

誰も見ていなくてよかったよ。


当初の佐山は、我々キックボクサーみたいに体が細くもなかったし、攻撃のモーションが大きかった。

キックボクシングの場合、相手の目はフェイントもあるけど、肩のラインを見ていると次の動きがわかる。左右どっちの足で蹴ってくるかもわかる。

肩の動きを見てからでもカットは遅くないんだ。

逆に肩を動かさずにパンチ、キックを打つことはできず、そんなことができる達人はいない。

それでもどんどんコツを覚えて打撃のスピードも威力も格段に増していった。いろんなエピソードはあったけど、なんだかんだいって彼は格闘技の天才だよ。それは間違いない。

とにかく佐山は練習熱心で真面目。練習に関しては本当にこっちが疲れるくらい。

昔、ウイニングの大きめのサイズのミットがあった。

あれはけっこう重いんだけど、しまいにはそのミットを持たないと、あいつの打撃を受けられなくなった。

当時、佐山は身長こそ160センチ台だけど、体重は100キロを超えていた。

私は175センチの70キロぐらい。

佐山とのマンツーマンのレッスンは1年ぐらいだろうか、正確なことは忘れてしまった。途中から、前田日明、髙田延彦、山崎一夫、宮戸優光とかも入って来たからね。

彼の長所といえば、驚異的な体のバネと瞬発力、パワーもある。

筑波大学に蹴る力を測定する機械があったんだけど、機械を壊してしまい計測不能だったらしい。ワイヤーが切れたのだという。

ものすごいパワーの持ち主だったよ。

加えてスピードもあったから、その身体能力の高さには舌を巻くほかない。

彼はもともと山口県立水産高校の出身。

アマレスをやっていて、1年生で新人戦全国優勝。その後、新日本プロレスに入ったんだ。

佐山が通った山口県立水産高校は私が生まれた家のすぐそばにある学校。

私のほうが彼より2つ年上なんだけど、小学校5年の時には大阪に出てきていたんで、山口時代はまったく接点がなかった。

日本プロスポーツ大賞の授賞式に出席した時、彼はプロレスの新人賞で、私はキックのほうの功労賞をもらったんだけど、そこでも特に交流はなかった。

そのあと、私がまだキックボクサーだった頃にメインイベントで団体のベルトを懸けて戦う大会で、なぜかセミファイナルにタイガーマスク（佐山）vs.ブラックキャットの試合が組み込まれていた。

プログラムを組んだのは、運営サイドの人間。「なんでプロレスなんか組み込むんだ」って怒ったんだけど、人気あるからって押し切られてね。

人気が低迷していたキックボクシングをタイガーマスクが助けてくれたんだけど、そこでも特にまじり合うこともなく。

でも佐山が新しくＵＷＦを作ったときに友人の紹介で遂に交流が生まれるんだよね。

人間っていうのはどこで縁ができるかわからないから面白いもんだね。

ちなみに、山口出身といえば長州力さんがいる。自分より４つ年上。そして私の愛弟子で現在のシュートボクシングのイベントを運営している緒形（健一／（株）シーザーインターナショナル代表取締役）も山口県出身なんだよ。

練習後の佐山は冗談もいうし、気さくな青年だった。酒は飲まないから、プライベートでの姿はそんなに知らないけれど、茶目っ気があって、いいやつなんだ。

プロ意識が強くて、いわゆるショーとしてのプロレスと格闘技路線を融合しようとしていた。理論家で、アイデアマンでもある。

新しいことをやりたいとずっと言っていたね。

それはプロレスにおいてもそうだった。

タイガーマスクという国民的スターとしての地位を惜しげもなく捨てて、自身の追い求める格闘スタイルを追求しちゃうんだからね。ロープに投げたら相手がかえってくる、そういうプロレスはもうやめようって提唱してた。

ショーの部分を極力少なくして、ガチンコのレスリングがやりたかったみたい。

そんなこと言いながら、UWFでも〝プロレス〟はやらなければならなかったみたいだけどね（笑）。

ただね、週に2回ぐらい興行をうたないと、金銭的に回っていかないという縛りがあるなかでね、どうすればいいか悩んでいたと思う。

数か月に1度大きなイベントをうてばいいというわけじゃないという事情。

修斗を立ち上げた後にもいろいろな武道を模索したりしてるけど、プロレスにも出たり活動はしてる。

リアルとフェイクの間を自由に動き回っている。そのあたりのことを鑑みると、常に革新的なことを考えている彼は文字通り佐山聡とタイガーマスクの2つの顔で生きているのかもしれないね。

私は「絶対こうでなければならない」「こういうのはやらない」という性格だから真似ができないね。

2つの顔というと、前に佐山が合宿か何かで若手を指導する練習風景を動画で見たことがある。

カメラがあるから多少大げさにやってるのもあるんだろうけど、これがけっこう狂気じみていてね。かなりSなんだなと思った（笑）。

佐山は厳しいことで有名だった新日本プロレスの道場で育ってるわけだし体もデカイ。素人として入門した当時のお弟子さんはビビっちゃうよ。

普段は穏やかで、挨拶を交わした日にすぐ「キックを教えてください」なんていう熱く純粋な人間で、茶目っ気もあるんだけど、どうも私が知らないところではいろいろハードな面があったようだ。

冗談はさておき、たまに、格闘家で佐山と似たタイプの人はいますかと聞かれることがあるんだけど、これが本当にどこにもいない。

佐山は独特。格闘センス、身体能力、発想の斬新さ――その天才性はちょっと狂気的と表現してもいいくらい突き抜けたものがある。

実際に「シュートボクシング」という名前を考えてくれたのは佐山だからね。

当時、佐山の紹介で知り合ったカール・ゴッチさんからのアドバイスを受けて、新格闘技案について模索していた私が、同じタイミングで総合格闘技「シューティング（現・修斗）」の創設に奔走していた佐山に相談したんだ。

「立ち技だけの総合格闘技として、〝シューティング・ボクシング〟でどうかな」と。

そしたら「シーザーさん、英語のＩＮＧが２つ重なるのはおかしいからシュートボクシングでいいんじゃないですか」ってアドバイスをくれて、それがしっくりきて正式名称になったんだ。

だから、彼とは年に何回も会うような特別濃い関係ではないけど、同じタイミングでスタートした修斗とシュートボクシングは兄弟団体のように感じているし、シュートボクシングと今日の自分があるのは彼のおかげといってもいい。

打撃を指導する関係で始まった間柄ではあるけれど、彼を通じてできた人とのつながり

著者（左）と佐山聡（右）

は非常に大きい。アントニオ猪木さん、カール・ゴッチさん、前田や髙田などＵＷＦの面々……佐山聡には感謝している。

4　前田日明、髙田延彦、ＵＷＦ戦士たち

前述したように、佐山にキックを教えていたとき、彼が「後輩たちもいいですか」と連れてきたのが前田日明、髙田延彦、山崎一夫、宮戸優光らだった。

それが彼らとの出会いだった。

トレーニングを始めてみると、前田の蹴りは空手の蹴りというか、佐山のようにヒザを曲げて蹴るキックではなく、ただ足を棒のように振り回す蹴りだった。

パワーは凄いから、相手はプッシュの力で倒れるかもしれないけど、それだと効かないから、「もう少し〝しなり〟を持たせたほうがいい」と前田には言った。

今思えば、プロレスだったらそれでもいいのかなと思うけど、私たち蹴りを使う格闘家が鍛錬する蹴りとは違っていた。

前田は体が柔らかいからハイキックも蹴る。だから余計にヒザが柔らかくしなる蹴りを

使えるようになったらすごいだろうなと思ったんだ。

あの体だから、どんな打撃でもヒットしたらかなり衝撃はある。

しかし実際体の芯に効く蹴りなのは、佐山のキックが一番だったかな。

佐山とはちょっとしたスパーリングをしたけど、前田とやったことはない。

あの通りデカいし、マススパーリングができなかったらジムの狭いリングでは危ないから、正直やりたくなかったね（笑）。

そういえば、佐山と前田のスパーリングも見たことがない。

彼ら2人はやらなかったね。実戦でやっているからかもしれないけど。


私のところきたＵＷＦの若手の中で、一番努力家だったのは髙田延彦。

髙田はもともと野球部のキャッチャーだった。格闘技を始めたのはプロレスからで、格闘技をしっかり学んだことがなかった。

キックも棒蹴りで、たぶん見よう見まねで蹴っていたのだと思う。

ゼロの状態だった髙田に、「こうやって蹴らなきゃいけない」って教えると、実直に何十分でもジムの鏡の前でずっと練習していた。

いつだったか、元横綱の北尾をＫＯしたハイキックはまさに練習の賜物。ヒザから下が伸びてバシッと当たった。美しい蹴りだった。

クセは強いけど基本的にみんないいやつだったな。

リーダーの前田は賢くてクールなヤツと思ってたけど、素顔はおバカな面もあったりね。

まあこれは前田に限らないけど、酒グセが悪くて女好き。ここには書けないことがたくさんあったよ。

みんなとは六本木でよく飲んでいた。

「スタッフ」という店があったんだ。普通のバーなんだけど、その店がたまり場でね。

夕方6時くらいから始めて、朝まで飲むなんてこともよくあった。

その店には我々のような格闘家が好きな女の子もよく来ていてね。

なぜか、一緒に飲んでいると一人一人途中からいなくなるんだよ（笑）。

私も人のことはいえないんだけどもあの頃は青春を謳歌してたな。

UWFは特に人気がすごくてね。前田や髙田なんてかなりモテてた。

UWF正月恒例のもちつき大会なんかにも、女の子はいっぱい来てて、1月1日なのに、前田や髙田のファンの女の子たちがみんな薄着だったのが印象に残ってる（笑）。

そういえば六本木かどこかで、前田、髙田らと飲んでいた時、とんねるずの石橋貴明に会ったことがあった。

「石橋、ちょっとこっち来て飲もうよ」と呼んだんだけど、

「いや、ぼくはもう飲めないです」

でも押し問答が続いて、最後には我々が、「飲め、こらあ」(笑)。

世界で一番アルコール度数の高いお酒といわれるスピリタスを一杯飲ませて、石橋だけに飲ませたのでは悪いから、私たちも3杯ずつ飲んだ。

特別つながりがあったわけではないけど、石橋と我々はよく遭遇した。

最後は酔った彼を髙田が担いで帰っていったよ。


シュートボクシングを創設した当時のジムが白山にあった時、ジムの裏手にあった居酒屋「つぼ八」にも練習後にみんなでよく行った。

そこで出すデカいジョッキをキンキンに凍らせた生ビールが本当にうまくてね。

その生ビールが大好きだった髙田なんかは、練習が終わりそうになると、舌なめずりしながら「シーザー会長、先行って席とっておきましょうか」なんて言ってくる。

「バカ野郎、まだ練習終わってないよ、何言ってるんだ」と怒ったよ。

あるときなんか、前田、髙田、山崎と私の4人で、湯河原の旅館に泊まりに行ったこと

もある。

夜、宴会をしてたら、前田と髙田が言い争いをはじめたんだ。

前田が猪木さんについて批判的なことを言い出したのが発端だった。

髙田は猪木さんの付き人をやっていたこともあるし、大の憧れの人物として尊敬し続けていたから、

「冗談じゃない、猪木さんを悪く言わないでください」

となって、結局、最後は和解したけど、殴りあいをしだしそうな緊迫した雰囲気だった。

私は酔っていたし傍観者だから、殴りあえばいいのにと思ったけど、さすがに大男２人なだけにね、まあ大ごとにならなくてよかったと思う。

著者（左）と前田日明（右）

前田と髙田、体格は前田のほうがよかったけれど、髙田は運動神経がよくて技がきれいだった。
きれいというのは、体のバランスがいいということ。上半身から下半身まで全身にバラ

ンスよく筋肉がついていて鍛えられていたんだ。

前田はもともと持って生まれた天性の体格の良さがあったから、それをフルに活用してたね。恵まれた体格を武器に勝負していた。

ただ前田には出会った頃からカリスマ性みたいなのがあったよね。体がでかいし、読書家でたくさん言葉も持っていたよね。

新生UWF旗揚げの時だったか、「選ばれしものの恍惚と不安　ふたつ我にあり」なんて言葉も、前田があらためて世に広めたところがある。

そういう人を酔わせる言葉、言ってほしいことを言ってくれるから、ファンはたまらないんだろう。

でも私は当初、実は意味はよくわかっていなくて、言葉を簡単に覚えてしゃべってるんじゃないかとも正直思ってた。

そしたら、ある意味ヲタク的に歴史や文学に詳しくて勤勉なんだよね。人は見かけによらないよね（笑）。

なりふり構わない一直線な姿にオーラがあったし、危険な感じで突き進んでいく革命家のカリスマ性があったんだろうね。

誰にもない華があった。

何年か前、浅草で会った時に彼が主催するアウトサイダーについて話したことがあったんだ。

「ああいうイベントをやると格闘界が同じように見られないか？」って言ったら、「いや会長、あれ盛り上がるし今後にもつながるんですよ」って言う。

「でも刺青だらけのただの素人が試合で大ケガしたり、そいつらが問題起こしたら格闘界にとってマイナスじゃないか」みたいな会話をしたのを覚えてる。そしたらアウトサイダー大阪大会で前田が襲撃されたのを聞いて複雑な気持ちになったよ。

今はブレイキングダウンなんてイベントも盛り上がってるみたいだから正解は分からないけど、私は格闘技で試合をするには体づくりからいろんな段階を経てリングに上がる必要があると思っている。

大阪といえば、私も幼少期に山口県を飛び出して青年期を過ごしたのは大阪で、前田も出身が大阪なんだ。

前田は大阪の不良として扱われることが多いけど、彼は17歳くらいでもう新日本プロレスに入団している。

昔、ＵＷＦの正月行事のもちつき大会のときに、ふっとあいつが言い出したことがある。

「シーザーさんって本名なんていうんですか」

「村田っていうんだよ」

「たしか大阪出身でしたよね。学校はどちらだったんですか」

「箕面《みのお》学園だよ」

「あの箕面学園の村田さんですか⁉　３人くらい殺したらしいですね！」

「アホか！　３人も殺しといてこんなところにいるか！」

しかし、話は逸れるが、学生時代の私は本当に荒んだ生活を送っていたように思う。キックボクシングのプロの世界に入る前、中学生や高校生の時代に、自分の中にあるいろいろなフラストレーションを抑えることができず、ケンカの強い素人としてやんちゃをしていた時期もある。

電車の中でふんぞりかえっているやつがいると、「こらあ、なに偉そうに幅利かせとんじゃ」とバコーンっと殴ったり、当時は世直しの気分でいたんだ。

今考えても恐ろしいが、ケンカしてて刃向かってくる生意気なやつを「こらお前、殺すぞ」と駅のホームから蹴り落としたこともある。

落ちてから、そいつはバーッと逃げたけど、そんな無茶苦茶なことをけっこうやってた。

愛読者カード

ご購読ありがとうございました。今後の参考とさせていただきますので、ご協力をお願いいたします。また、新刊案内等をお送りさせていただくことがあります。

【1】本のタイトルをお書きください。

【2】この本を何でお知りになりましたか。

1.書店で実物を見て　2.新聞広告（　新聞）
3.書評で（　）　4.図書館・図書室で　5.人にすすめられて
6.インターネット　7.その他（　）

【3】お買い求めになった理由をお聞かせください。

1.タイトルにひかれて　2.テーマやジャンルに興味があるので
3.著者が好きだから　4.カバーデザインがよかったから
5.その他（　）

【4】お買い求めの店名を教えてください。

【5】本書についてのご意見、ご感想をお聞かせください。

●ご記入のご感想を、広告等、本のPRに使わせていただいてもよろしいですか。
□に✓をご記入ください。　□ 実名で可　□ 匿名で可　□ 不可

郵便はがき

切手をお貼りください。

102-0071

東京都千代田区富士見一―二―十一
KAWADAフラッツ一階

さくら舎 行

住　所	〒　都道府県		
フリガナ		年齢	歳
氏　名			
		性別	男　女
TEL	(　　)		
E-Mail			

さくら舎ウェブサイト　www.sakurasha.com

大阪時代の著者（右）

今思うと、申し訳ないし恥ずかしい。

しみじみ思う。そいつが轢かれなくて本当によかった。


私が高校1年まで通ってたのは大阪の箕面学園という高校。

当時の大阪は群雄割拠で各地域にボス的な人がいて、そいつらを倒しに梅田から難波、天王寺へ行き、最後は通天閣に着いた。

当時学生なんかの間では、通天閣のあたりは、荒っぽい大阪の中でも特に危険な地域だといわれていたけど、地元の高校の3年生をシバき倒したりしていた。

その時は、少年院帰りのやつとか3〜4人の仲間と行動していたのだけど、当時の箕面学園は自分で言うのもなんだがバカばっかりで、そういう連中しか入れない学校だった。

1学年14組あって、賢い順に1、2組って続いていく。私は一応1組だった。なんだか、漫画に出てくるような不良だらけの学校で、学校内にも悪いやつがいっぱいいた。

そんな学校の上下関係というのはけっこう厳しく、それこそ生意気な1年坊がいれば、2年生、3年生たちが何か言ってきそうなものだけれど、上級生から何か言われたことはなかった。

前田が住んでいたのは、生野《いくの》という地区。

生野の隣に東大阪があって、そこも荒っぽい土地柄。

その東大阪に私がキックボクシングを始めた当初に所属していた西尾ジムがあった。

そこのジムの先輩にロッキー藤丸さんというスター選手がいて、その人と一緒にランニングをしていると、悪ガキが「おい、ロッキー!」なんて言いながら茶化してくる。

コラッ!なんて怒ると、逃げていくんだけど、その悪ガキの中に前田がいたらしい。

前田は「なんか怒鳴られてめちゃくちゃ怖かった。逃げました」と言ってた。

話は戻るが、前田は、「俺がプロレス界を変える」なんて宣言して、革命を志す青年みたいな激しさがあって、長州力の顔面を蹴ったり、佐山にセメントをしかけたり、結構、ヤバイことをやっちゃう危なさがあった。

それがまた誰にもない危険な魅力だったようにも思う。

１９８５年９月、ＵＷＦにおける大阪府立臨海スポーツセンターでのセメントマッチ、前田に裏切られて、佐山はショックだったらしい。

その試合のあと、私はずっと佐山と一緒にいたんだ。

「そんなに相手がガチで喧嘩を仕掛けてくるんだったら、前田は後輩なんだから実力で分からせればいいじゃないか」と言うと佐山は、

「いや、うちの団体は、藤原さんが色々全部決めてるんで」と言って悔しがっていた。

体格は前田のほうが大きいけれど、格闘センスは佐山が上。打撃を２人に教えていたから分かる。

驚いたのは試合の次の日。佐山は自分で勝手にマスコミを呼んで「ＵＷＦを脱退します」と宣言したんだ。

私が聞いてた話ともまた違う動きをする佐山に、正直戸惑ったよ。

基本的に佐山は縦社会の中で前田という人物をとらえている。

要するに前田をずっと弟分と思っているんだ。

しかし、前田には前田の想いや考えがあって、すでに自分が独り立ちしてＵＷＦをどうにか盛り上げようという気持ちでいるから、上から頭ごなしに言われるのは我慢できなかったんだと思う。

前田はもともと誰かの下に付くタイプの人ではなく、一人で、一本どっこでやっていきたい武将タイプ。

だから袂《たもと》を分かったし、それぞれの今がある。今は互いにどう思っているのかな。

おそらく、佐山は前田を少し見くびってたのかもしれない。

一方、前田は「理想のＵＷＦをやるためには佐山を排除しなければ」という執念すら持っていた。

しかし、お互い誰にも真似ができない存在感に溢れた２人だよ。

佐山は慎重な理論派で、前田も理論は好きだけど実行してしまえる行動派。

前田は執念で持っていく。

あまりくわしくは言えないけど、そんな前田だから意見の合わない人間とのトラブルも少なくない。

カール・ゴッチ（右）から指導を受ける前田日明（左）

逆に高田はリミッターが外れない常識的なところがある。カリスマ性はもちろんあるんだけど、良い意味で独裁的なトップというよりは極めて優秀なまとめ役という存在。人間が優しい。

そんな前田と高田の仲はＵＷＦという団体を考えたらピッタリだった。

先輩の前田を高田はいつもちゃんと立てるし、前田も高田を信頼してたと思う。

前田はひたすら理想に向かって突き進む。高田は純粋にみんなが良くなることを考えていた。

２人とも嘘がなくて、真っ直ぐ。

嫌なものは嫌とはっきりいうし、嫌なやつとは飯も食わない。

ただ、行動を共にしていた時間は長かった

けど、結果的には相性は良くなかったのかもしれないし、もし2人の信頼関係が続いていればUWFはどうなっていたのか私には分からない。

2人はUWF分裂後は会っていないんじゃないかな。

前田と髙田は袂を分かったし、交わることがあればファンにとっては大きな喜びなのだろうし、私もまた懐かしくも嬉しい。


私がUWFメンバーの中でも大好きで今もたびたび食事に行ったりしている髙田といえば、昔から豪快で練習後にビールを1リットルジョッキで6杯飲んだりしていた。

私もみんなも体つきがだいぶ変わってしまっているが、髙田は今も引き締まったいい体をしている。

第一線を離れた今でも、トレーニングをし、柔術をずっと続けているという。本当にえらいなと思う。

髙田はRIZINのキャプテンという立場だが、ときどき「なぜ髙田さんがRIZINの会場に?」などという言葉を耳にする。「プロレスラーなのに」ということらしいが、髙田がPRIDEでヒクソン・グレイシーとの一戦に挑んだことで、総合格闘技が世間一般に浸透したという大きな実績と覚悟をあらためて知ってほしい。

本人が自嘲気味に言っていた。「最近は出てこいやおじさんですよ」

髙田はゴッチさんの弟子。ゴッチさんに学んでいるということは、当時から強くなるために必死に模索して努力していた格闘家なんだ。

ＵＷＦ戦士の中で実際に私がキックを教えたのは佐山、前田、髙田、山崎のほかに宮戸、安生（洋二）、中野（巽耀）もいた。

意外と格闘センスがよかったのは宮戸。

最初、佐山が宮戸を連れてきたとき、スパーリングに参加するというから宮戸には「やめておけ」と言ったんだ。

そしたら宮戸は「会長、お願いします」って、くらいついてきたね。

宮戸は、選手として大きくブレイクはしなかったけど、器用でなんでもできるファイターだった。

何より宮戸は料理がうまい。道場のちゃんこ作りにとどまらず、中華料理全般に精通していて周富徳さんに気に入られて「宮富徳」なんて呼ばれてたよ。料理を作るのが上手い人は格闘技センスもいいんだ。

ＵＷＦ戦士以外にも指導した総合格闘技の選手はいる。佐藤ルミナ、桜井マッハ速人、須藤元気、宮田和幸、所英男……その中で一人、忘れられない選手がいる。

極真出身の黒澤浩樹《くろさわひろき》という空手家で、Ｋ－１やＰＲＩＤＥに参戦していた。彼はうちのジムにも練習に来ていて、私がずっと教えていたんだけど、ものすごく強かった。

身長１７４センチで体重は88キロ。自分が負うダメージをものともせずに相手に向かっていく黒澤のあだ名は「格闘マシーン」。

筋肉の塊みたいな強烈な体だったよ。若い頃には新宿や渋谷でえらい暴れていて、中国のマフィアにさらわれたこともあるなんて噂もあった猛者《もさ》（笑）。

でも、空手の動きでガチガチに固まっちゃってたから、グローブで戦う立ち技格闘技家としてはなかなか厳しかった。動きが硬すぎてロボットみたいな動作になっちゃう。でも本当に努力家で、そのルールでどう戦うかを学んで実践していくんだ。野武士のような漢《おとこ》だったよ。

惜しくも病魔に冒されて54歳で亡くなってしまってね。すごく残念だった。彼もまた強烈な印象を残したファイターだったね。

左から山崎一夫、前田日明、著者、髙田延彦

左から著者、前田日明、髙田延彦

5 カール・ゴッチ

〝プロレスの神様〟カール・ゴッチ。言わずと知れた、レジェンドだ。

私とゴッチさんの出会いも佐山がきっかけ。

当時、ゴッチさんはUWFの顧問で、彼は〝蹴り〟が好きじゃなかったらしい。

だから、最初はキックボクサーである私に対して、あんまりいい感じではない様子だったけど、だんだん私という人間がどういう人間か理解してもらえたようで、いろいろ話すようになった。

ゴッチさんはドイツ人だけど英語を話して、佐山が通訳してくれた。

基本は頑固じじいで、格闘スタイルにはとにかく頑固だった。

それでも折りあえたっていうのは、やはり通じ合うものがあったからだと思う。

私もある意味、〝キックの頑固野郎〟だったからかもしれない。

格闘技に対して、しっかりとした考えをもっているということをわかってくれていたんじゃないかな。

ＵＷＦの道場ではゴッチさんが見に来ると、選手が蹴りの練習をやめるという噂があった。

そこで、あるとき、率直に聞いてみた。

「ゴッチさんはキックボクシングなどの蹴りを使った格闘技が嫌いなんですか」

すると、ゴッチさんはこう言った。

「そんなことはない。私はタイに行ってムエタイを見たこともある。あれは素晴らしい格闘技だった。シーザーさん、あなたはキックボクシングのチャンピオンだから知っているかもしれないけれど、世界には同様の立ち技格闘技がたくさんあるんです」

正直、韓国のテコンドーぐらいしか知らなかった。動揺を隠しながら、話の続きを聞いた。

「例えばフランスにはサバットという靴を履いて戦う格闘技がある。中国には散打《さんだ》、韓国にはテコンドーという立ち技格闘技があり、それぞれ長い伝統をもっている。世界にはまだまだ我々の知らないような格闘技があるんですよ。私が許せないのは、選手が中途半端な技術のまま、プロレスにキックを取り入れるのが嫌いなだけなんです」

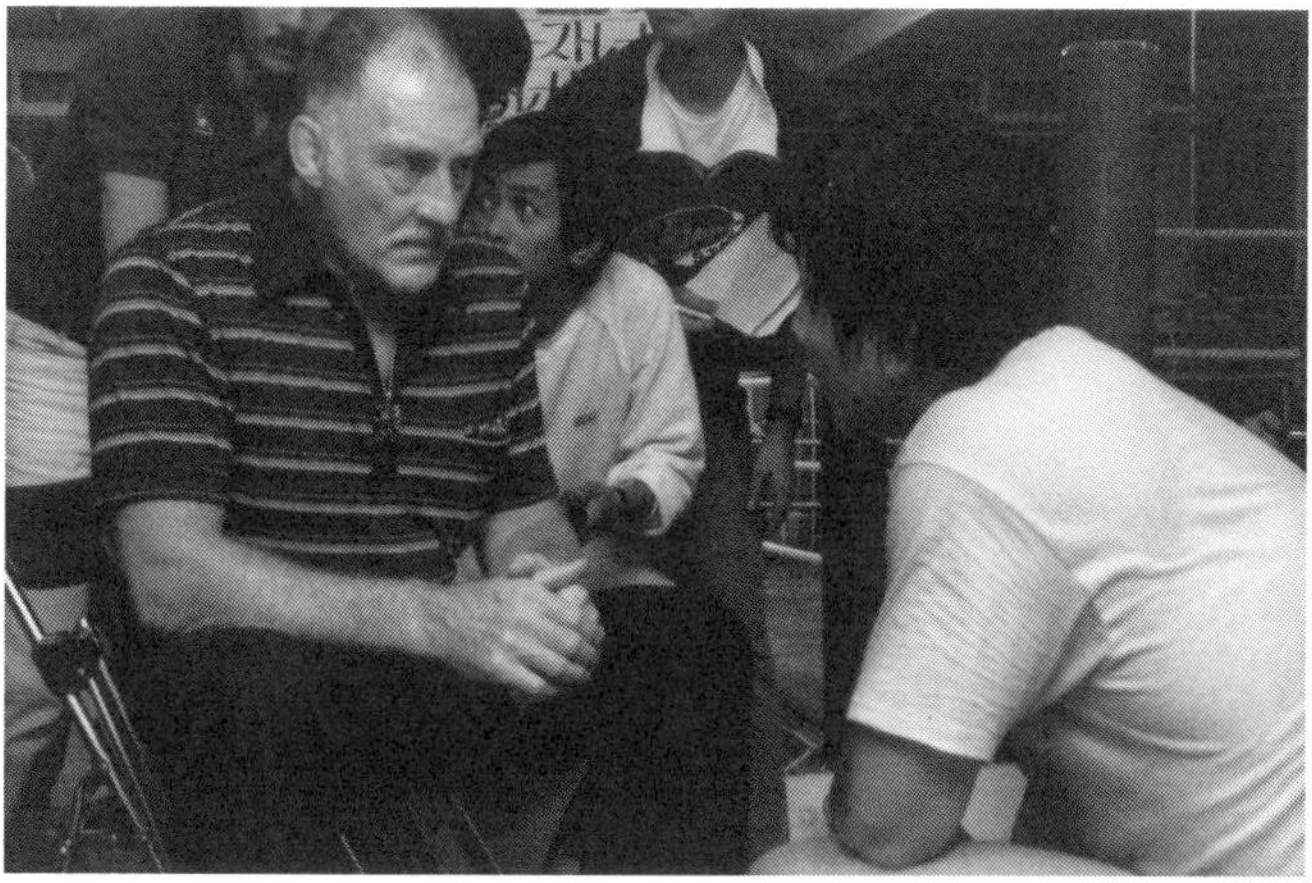

“プロレスの神様”カール・ゴッチ（左）

そうだったんだ、キックそのものが嫌いだったわけじゃなかったんだ――なんだがほっとしたような気持ちになったのと同時に、自分の中で何かがザワつきはじめた。

ゴッチさんの言葉は一晩中、頭から離れなかった。

翌日、私はある一つの思いにたどりついた。それは「いろんな格闘技があるなら、自分で新しい格闘技を立ち上げてもいいんじゃないか」ということ。

それで、自らの団体であるシュートボクシングを立ち上げることを決心したんだ。「打つ・蹴る・投げる」という団体のコンセプトもやがて固めた。

おそらくゴッチさんとの出会いがなければ、シュートボクシングという競技は誕生していなかっただろう。

誰かの一言で、人生や考え方が変わるってあるじゃない？

私にとっては、カール・ゴッチがその人だった。

違うジャンルの巨人だけれども、私もゴッチさんをリスペクトしていた。

ゴッチさんは、練習してない人、フラフラと軸のない人は絶対相手にしなかった。

体にモンスターがついてるやつとは絶対口を利かないとも言ってた。

モンスターとは脂肪のことだ。

また、器具を使った筋トレを否定していたんだ。

だから、前田らがバーベルとかを使った筋トレをやってると叱られたという。

要するに、筋肉を鍛えるにしても、腕立て伏せのように、自分の重さを感じながらやるトレーニングを推奨していた。


ゴッチさんとは、こんな嬉しいエピソードがある。

ゴッチさんは、例えば勝利の記念になにかというふうに贈り物を選手に渡す人ではないのだけれど、あるとき、ゴッチさんから、「14金のゴールデングローブ」のネクタイピンをもらったんだ。

W. F.

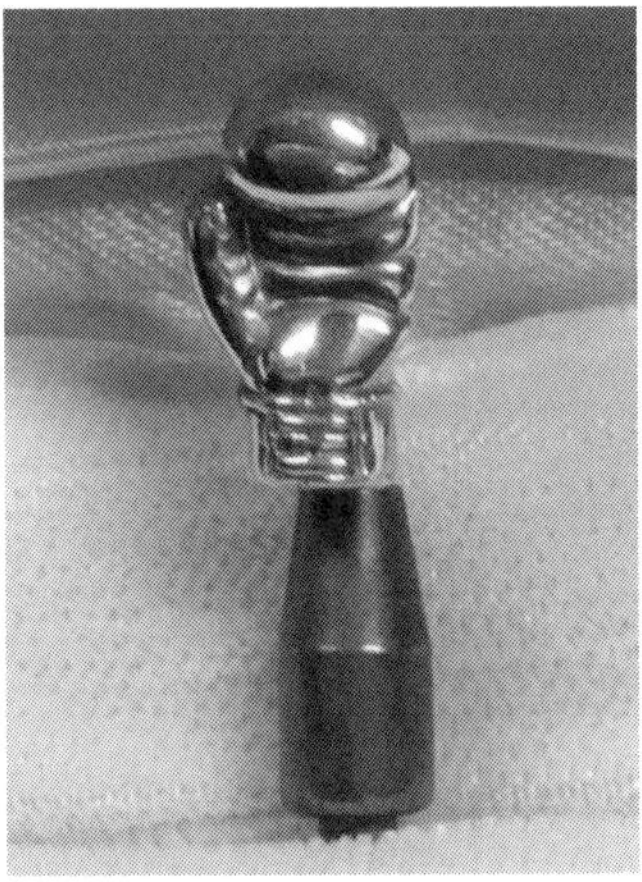
ゴールドのネクタイピン

「シーザーさんにはいつもお世話になっている。これは俺の気持ちだ」って、ティッシュに包んで、突然くれたんだよ。

雑にティッシュに包まれた豪華なネクタイピン……嬉しかったけど、戸惑っちゃったよね。

きっかけは佐山だったけど、やがて佐山がいないところでも、ゴッチさんと会うようになった。

ゴッチさんの言葉から着想を得て、立ち上げたシュートボクシング。

のちにゴッチさんが〝キック〟がバンバン繰り出されるシュートボクシング観戦に来てくれて試合を真剣に見てくださったこと、ジムにも顔を出してくれたことは本当に嬉しかったな。

6　千代の富士

相撲界にも仲良くしていた人物がいる、伝説の大横綱・千代の富士だ。

千代の富士との出会いは日本プロスポーツ大賞の授賞式。

私がキック部門で功労賞をもらい、佐山がプロレス部門で新人賞を受賞したあの年。

千代の富士は全スポーツを対象とした大賞を受賞して、時の総理大臣・中曽根康弘さんから授与されたんだ。

千代の富士との交流が始まったのは、それからしばらくたってのこと。

ある社長からの紹介で、再び千代の富士と会ったんだ。

その時は、千代の富士は引退していて九重《ここのえ》親方になっていた。

私は千代の富士のことを親方と呼び、親方は私のことを会長って呼んでいた。

親方は気が強くてね。

銀座のクラブで一緒に飲んでいたときのこと。

ある格闘技関係の人間がたまたま同じ店にいて挨拶に来てくれたんだけど、その人間も酔っていて、態度が気に障った親方は「誰だ?」って全然相手にもしない。

いかにも親方が興味なさそうだったから、私もうまく間を取り持つことができなくて、あれはなんだか申し訳なかった。

親方はやっぱり一本自分というものを持っていて、無駄に愛想を振りまくことはせずに自分の気に入った人、認めた人以外には一見冷淡。

懐に飛び込めば非常に温かい人情の漢だが、実直で取り繕わないところが誤解を生んだりもしていた。


親方が認めていない人間はたくさんいて、敵も多かった。

なんせはっきり言うからね、「あいつは大嫌いだ」と。

本当は理事長になるべき人だったんだけど、理事の中でそれを良しとしない人間も多かった。

親方とは年が一緒だったということはあるけれど、なぜか気が合った。

銀座で一緒に飲んでいたとき、親方はドンペリが好きで、すっぽん屋さんでもドンペリ

左から元WBC世界バンタム級王者の山中慎介、著者、千代の富士

を飲んでいたんだ。

ちょっとおかしいでしょ。

それで最後に割り勘っていうね。そういうところは非常にしっかりしていた。

ドンペリを飲みたいのは親方だけなのにさ。

一回、冗談で聞いてみたんだ。

「親方ってあれじゃないの、田舎モンだったからドンペリに憧れて飲んでいるんじゃないの」

「いやいやいや、俺はこれが好きだから飲んでいるんだよ、失礼しちゃうな（笑）」

いや、本当は図星だったと思うよ。


相撲に関しては、すごい真剣だった。

親方は自分の弟子の取り組みを全部細かく見ていて、あとで必ずメールで「今日はここが悪かった。ここが良かった」と伝えるんだ。

直接ではなく、メールで伝えると形に残る。それを見て弟子たちは勉強するんだ。

ちょっと私にはできないことだよ。

そういった相撲に対する妥協なき姿勢は現役時代と変わらない。

脱臼癖があったので、現役時代、毎日腕立て伏せを何千回もやっていたらしい。

千代の富士とアントニオ猪木、2人のカリスマと親しくさせてもらっていたけど、パーティーとか行くと、九重親方と猪木さんのところには人がたくさん群がる。

パーティーの参加者は、名のある企業の社長とか、偉い人ばっかり。

しかし、親方はそういう初見の方々との交流を面倒くさがるんだ。

一方、猪木さんは、面倒くさがらず、「そうですか、そうですか」ってあの口調で、にこやかに応じている。

同じカリスマでも2人は真逆のタイプだった。

親方とはゴルフも一緒にやった。

運動神経の塊みたいな人だったから、多分違うスポーツやっても成功されたんじゃないかな。

その親方のゴルフ、あの体だからバーンと飛ばすかなと思ったら、けっこう細かく刻んでくる。

緻密で負けず嫌い、それで繊細なんだ。

今思えば、繊細だからこそ、お前は◯、お前は×みたいな感じで、白か黒かキッチリさせずにはいられなかったのかもしれない。

角界とプロレス界、立場が違うといえばそれまでだが、親方には、猪木さんみたいに「おお、来い、来い」みたいなオープンマインドな接し方はできなかったのだろう。

猪木さんはプロレスという歴史のないジャンルを世に知らしめていく開拓者だった。開拓者は何でも来い、じゃなければ先に進めない。


親方は伝統ある、国技・相撲の世界の人間。

彼らには一つの枠というか形がある。

そういったものに支えられている。

だから悪くいえば、ある程度自分を貫き通してもその世界観は揺るがないし、盤石の土壌に守られる。

猪木さんの場合は、それをやっちゃうと、団体消滅の危険があり、好みをいっていられない。私も同じだ。

逆に、そういう意味でいうと、親方は窮屈だったかもしれない。

伝統ある世界のトップ・横綱であることの、安定感と不自由さ。

ある種の潔癖さと真面目さがないと生きていけない世界なんだろう。

親方は負けず嫌いで繊細な方だった

親方は、今の相撲界をどう見ていただろうか。

親方は人の悪口は言わない。

嫌いだと、「あいつは駄目だ」で終わっちゃう。くどくどと悪口は言わない。

それでも、こんなことをこぼしていたことがある。

「会長、一回、千代大海に説教してよ」って。

愛弟子のことだから心配だったんだろうね。


親方の還暦土俵入りも見に行った。

終わってから東大病院で検査を受けたら、親方の膵臓の端っこにがんが見つかってね。

手術後に「会長、これ痛かったよ。でも大丈夫」と言っていたけど、一年後に逝ってしまった。

2016年のこと。親方はまだ61歳だった。

そういえば、松山千春も同い年で親方とは同じ北海道出身。両国国技館で行われたお別れの会で、彼が親友だった親方のことを歌った曲「燃える涙」を熱唱したんだ。たまらなかったね。

話は変わるが、海外の大物と偶然出会ったことがある。

１９９０年代初頭、湾岸戦争の時、戦災孤児に物資を届けるために、あるマスコミの偉い方と６人くらいでイラクへ行くことになったんだ。

私たちが訪れた場所には戦災孤児が１００人くらいいたんだけれど、お菓子やお薬を渡そうにも、外国人の私が近づくと、みんなワーッと逃げていっちゃう。よっぽど怖くてつらい目に遭ったんだろうと思って、心が苦しくなったよ。

現地の人と話をしたら、たとえば給料が20万円としたら、家賃も20万円するんだという。

「大変だね」と言うと、下を向いていた。

我々が泊まっていたのは、アル・ラシードというホテル。

ホテルの外には、葉っぱとかで隠していたけど大砲があり、屋台みたいなのも出ていた。

そのホテルでのこと。

なんと、ボクシング界の英雄モハメド・アリがいたんだ。

アリは捕虜となったアメリカ人の解放のために来ていて、現地のイスラム教ではフセインよりアリのほうが位が上で、なんでもアリが行くことで解放が実現するということだったらしい。

英語がしゃべれる人間が一人いて、「アリが同じホテル内にいるようです。行ってみましょう」って。それで、コンコンとドアをノックした。

アリはとてもフレンドリーな方で、こちらが日本のシュートボクシングチャンピオンだと明かすと、快くドアを開けてくれた。

「1分間だけ、ちょっと待って」と言ったあと、ちゃんと襟のついたシャツに着替えてドア前に出てきてくれた。

同じ格闘技の世界に身を置く者同士ということで、こまかな挨拶をする前に、いきなりボクシングポーズ。

こちらもサッと構えると、アリがいきなりパンチを繰り出す。1発、2発、3発。和やかなデモンストレーションが繰り広げられたんだ。

もう二度とない、貴重な体験だったね。言葉は特に必要がなかった。アリは自分にとって憧れの人。すっかり感動しちゃってね。テレビの中の人だからね。

最後に、後ろ向きになったアリの身体が床から宙に浮くという、トリックを見せてくれるなどサービス精神旺盛な方だった。

幸せな時間だった。

ボクシング界の英雄モハメド・アリ（右）と奇跡の遭遇

アリの繰り出すパンチを受ける著者

7　沢村忠

一番思い入れがある格闘家は誰ですか？　そんなことをたまに聞かれることがある。

そういうのを考えたことはないんだけれど、あえていえば沢村忠さんかな。

沢村さんに憧れて、キックの世界に足を踏み入れたというのはある。

沢村さんはやっぱりスターだった。

「殴り合いでスターになれるんだな。俺はいつもケンカばかりしているし、腕には自信がある。俺がやるべきなのはこれかな」って、キックボクシングをはじめたんだ。

ちょうど沢村さんのいる東京・目黒ジムに、私の2人目の父（母の再婚相手）の甥っ子が所属していてね。

もともとは防長山《ぼうちょうざん》っていう相撲取りだった。

彼は、本名の池野《いけの》興信《くにのぶ》でキックボクシングに転向。1970年には初代王者の斉藤天心《さいとうてんしん》をＫＯし、ヘビー級のチャンピオンになったんだ。

その池野さんに、目黒ジムに入門させてほしいとお願いしに行ったのだけれど、ダメだった。「身内にはやらせたくない」と。

その気持ちは本当だと思うけれど、私がルールを守らない危険な奴だとも思われていたに違いない。

しかし、私の熱意に負けたのか、池野さんは大阪にある西尾ジムを紹介してくれて、そこに入門することになった。

西尾ジムと目黒ジムにはつながりがあり、両ジムの選手が同じ興行に参戦することもよくあった。


沢村さんと私が出場した鹿児島での興行の話。

その日も沢村さんは飛びヒザ蹴りで勝ったのだが、試合後、私が荷物をまとめていたら、「村田君、これ穿くか」ってちゃんと私の名前を知ってくれていて、さっき試合で使っていた白いトランクスをくれたんだ。

そういうところがね、あの人カッコいいんだ。

その後にいろいろ強い人が出てきたけれど、沢村さんほど魅力のある人はいなかった。

強いだけでなく、カリスマ性もあったんだ。

沢村さんは、日大の芸術学部を出て一時、映画の助監督もやってたアートな人だったから、試合運びとか技の見せ方とかもうまい。

八百長とうわさされる試合もあったけど、９００戦もできる人はいないよ。

負けたときもあるし、本当に死んだかと思うときもあった。

多いときは1か月に20試合くらいやってる。

キックボクシングで20試合なんてできない、地獄だよ。

でも痛いとか言わないしね。

ちょっと取材陣がいたりすると、サンドバッグをいきなり50発ぐらいバババババッと続けて蹴ってみせたりする。普通蹴れないよね。

見せ方も教え方も、セルフプロデュースもうまくて、本当に強かった。


沢村さんのデビュー戦は、現在浅草公会堂がある場所だった。

公会堂が立つ前、あそこは野っぱらで、リングを作ってやったらしい。

その試合で沢村さんの歯が7、８本折れたんだ。

それから沢村伝説が始まった。

長嶋茂雄さんが金田正一さんに4連続三振をくらったデビュー戦じゃないけど、やられ方というのもすごい大切なんだな。

話は飛ぶけど、井上尚弥や那須川天心がずーっと勝つのも素晴らしい。でもファン心理って不思議なもので、勝ちすぎると負けることも期待される。で、負けるとこれまた余計ファンが応援したりするんだ。

また実際、負けることの大切さを知っているほうが強くなれる。これは断言できる。どんなに勝ち続けている人でも、いつかは負ける日がくる。そのときに負けた原因を考えられる人は、負けることで以前よりも強くなれる。

負けの美学というか見せ方というのは、ちょっと猪木さんに通じる部分があるなと思うんだけど、そんな猪木さんと沢村さんは同い年。

未年《ひつじどし》で私の一回り上。沢村さんも猪木さんも面白くて魅力的なスーパースターだったね。

8　岡本太郎

芸術家の岡本太郎さんと親しくさせてもらっていたといえば、意外に思う方もいるでしょう。

太郎さんのお弟子さんだった中村小太郎《なかむらこたろう》さんという方と知り合いだったご縁で、太郎さんと出会ったんだ。

中村さんは、ヒデとロザンナの名曲「愛の奇跡」の歌詞を書いた人。画家なのに詩も描いていた。

太郎さんと出会った頃、すでに私はシュートボクシング協会を立ち上げていた。

あるとき、シュートボクシングのテーマ曲集を作ろうという話をいただいて、私がテイチクからレコードを出すことになり、そのジャケットの題字を岡本太郎さんに描いてもらおうということになった。

なんとも贅沢なジャケットだよ。

最初は渋っていたんだけど、「シーザーの頼みだったら」と言って描いてくれたんだ。

イメージがわくまで、1週間くらいかかったらしい。

そのロゴが出来上がったあと、「岡本先生、この字を自分の名刺にも使ってもいいですか」と、図々しくも聞いたら、「いいよ」とあっさり。


太郎さんとは、根津《ねづ》あたりでよく飲んだんだ。

「根津の甚八」っていう居酒屋があって、そこに太郎さんが行きたいといってね。

すごく古い店で、店の主人が太郎さんの大ファンだったんだ。

なじみの串焼き店なんてのもあって、そこでよく飲み比べの勝負をした。

太郎さんは私より40歳も年上。私に勝つなんて無理な話だよ。

あの人はわがままでね、負けそうになると床の間に行って寝ちゃう。

負けるのが嫌なんだな。


太郎さんは私の試合も見に来てくれていた。

あるとき、太郎さんとカール・ゴッチさんが同時に見に来てくれたことがある。

岡本太郎さんの描いた題字

日本美術界の神様とプロレスの神様が同じ日に来て、隣り合って私の試合を見ている。その時の写真が残っているんだけど、神様同士が1枚の写真に収まっている。なんというショットだろう。ラッキーというか、奇跡だね。

しかし、太郎さんとゴッチさんは互いに何者か分かっていないし、互いに興味がなさそうだった。当然親交なんてなく、この日、一緒になったのはたまたま。

どうもゴッチさんは、太郎さんみたいな不思議なタイプは嫌いだったらしい（笑）。変わった日本人だなと思っていたようだ。でもそんなことは知らなかったし、面白いから席を並べちゃったんだ。

カール・ゴッチ＆岡本太郎の奇跡的な２ショット

なんで岡本さんと仲が良かったのか。

自分でいうのもなんだけど、私がやっているシュートボクシング、格闘技というのは、ある種、自分の体で表現する肉体芸術。

太郎さんは感性をキャンバスに描く芸術、作品で表現する芸術。

ジャンルは違えど、ゼロからなにかを生み出すもの同士ということで、相通じるものがあったんじゃないかと勝手に思っている。

もう一つ思うのは、太郎さんも群れないタイプなんだ。

私も既存の組織に属するのではなく、一人で新しく団体を立ち上げた。

そういうところも、気が合った理由かもしれない。

太郎さんも猪木さんと同じで、あんまりしゃべらない。

でも、しゃべらなくてもなんか通じているんだ。

その沈黙がいやな感じではなくて、なんとも心地いい時間が流れていく。

テレビに出ているときとプライベートは全然違って、とても静かな人。

太陽の塔の制作秘話なんかも知りたかったけど、結局聞かなかったよ。


太郎さんが言っていたことで、強く印象に残っている言葉がある。

「今の若者は型にハマりすぎている。そして、その型をぶち破るような勇気がない」

とにかく型にハマるな、とね。

型を知りつつ、その型をぶち破る——太郎さんは芸術家としてこのことを体現なさっていたのだろう。

フランスへ渡り絵画を学び、これまでの日本人画家とはまったく違う感性で作品を作っていた。日本の伝統的な美の文化「わび・さび」を否定し、原色を大胆に用いた色彩美。独創的すぎたのか、なかなか受け入れられずにいた時期もあったけれど、徐々に岡本太郎の世界は日本美術界に認められていった。

太郎さんの言葉で、キックボクシングの既存の型からはみ出て、新たな競技シュートボクシングを創出するという自分のやっていることの方向性の正しさを再認識したね。

「そのまま突き進め」と言われているような気がして嬉しかったな。

格闘の世界は太郎さんのジャンルではないけど、シーザー武志は「新しいこと」をやっている人間だと、認めてくれていたんだろう。

だから私という人間と仲良くしてくれたし、試合も見に来てくれたんだと思っている。


パンチ、キック、ヒジに加えて投げも極めも絞めも取り入れた競技面だけでなく、シュートボクシングは選手のコスチュームも新しさを意識していた。

ムエタイパンツみたいなダボダボのパンツではなく、ピチッとしたスパッツ。

格闘家というのは足の筋肉のラインが一番セクシーなんだ。

「なんか新しいものが出てきた」

そんなふうに太郎さんも思ってくれていたに違いない。


私たちは強さを競ってはいるけれど、勝てばいいというアマチュアではない。

試合内容とイベント自体がもつエンターテインメント性、いろんな面でお客さんを楽しませることができなければ、プロとしては失格。

シュートボクシングはピチッとしたスパッツで戦う

試合内容以外の部分は選手にはできないから、私たち運営側の人間が全部そういうものを作っていく必要があって、イメージ戦略も含めてエンターテインメント性を考えないと格闘技は進歩しないと思ったんだ。

だから、いろんなことをやったよ。

パフォーマーやDJを呼んで、生音で入場シーンを演出したり、チアガールも入れたりしてみた。

ラウンドガールじゃなく、ラウンドボーイでやったみたこともある。

筋骨隆々のラウンドボーイが登場すれば、女性が喜ぶかなって思ってやってみたんだ。

これには会場も大爆笑。

観客が沸いたという意味ではよかったかもしれないけど、実際のところ、笑わせたのではなく、笑われてしまっていた。

だから一回でやめた。

リングアナウンスも女性でやってみたことがある。

そしたら女性の声はキーが高すぎて、聞きづらかったりして、メインコールは男性アナがいいという結論にたどりついた。

今となってはバカバカしく思えるようなこともやってきたけど、もっともっと面白いことできるんじゃないかなって日々考えている。

基本的に選手は戦うことしかないので、それはもう選手に任せて、それ以外のことは運営側で頑張っていこうとね。

お客さんに「今日来てよかったな」と満足して帰ってもらえるような、そんな大会を作りたいんだ。

ラウンドボーイ

これまでに出会ったすごい人物は、みんな心の中に芯みたいなものを絶対に持っていたけど、太郎さんの芯もすごかったね。太郎さんの場合、芸術家だから、その芯はより強く

著者（左）と岡本太郎さん（右）

てしっかりしていた。

「俺はもう、こういう生き方なんだ！」っていう、言葉にできない強烈さ。

完全に理解するまでには至らなかったけれど、すごい視点で世の中を見ている方だなって感じていた。

ある日、太郎さんと例の「根津の甚八」に行く前に、しばらく一緒に根津の町を散策したことがある。

根津は東京大空襲の時に焼けていないから、昔のまんま。戦前の古い町並みの風景が残っていた。

散策していて、「今日はいい天気だな」ぐらいにしか自分が感じていないときでも、太郎さんは町のすみずみに目をやり、町並みだけでなく、道路の曲がり角とかをぐっと集中して見ている。

私は「普通の曲がり角じゃん、そこになにかあるの？」ぐらいしか思わないんだけど、太郎さんはまったく飽きることなく、ずーっと見てる。

あの感性はなんなんだろう。

曲がり角を見つめている太郎さんの姿には、なんともいえない凄みがあった。

声もかけられなかったよ。

東京・青山の太郎さんの自宅にて

9 菅原文太、内田裕也、芸能界の友人たち

今から30年ほど前、1994年の1月15日に結婚式を挙げた。38歳だった。

結婚式には菅原文太さん、原田芳雄さん、安岡力也さんをはじめ、多くの著名人の方々に出席していただいた。

私のほうの仲人は「みちのくひとり旅」の山本譲二さんご夫婦。

嫁のほうの仲人として吉幾三さんご夫婦。ダブル仲人っていう斬新なことをやっていただいたんだ。

うちのおふくろが結婚式で皆さんにお礼の挨拶をすると、それを聞きながら、文太さんら出席者の方々が、おんおん泣いてくれてね。

途中、面白いハプニングもあったのだけれど、記憶に残るいい結婚式となり、あのとき出席してくださった方々には今でも深く感謝している。

結婚式の準備はちょっと大変だった。

なにせ出席者はビッグネームばかり。

会場は明治記念館に決まったんだけど、席の配置やらいろんな順番決めるのも神経を使った。

情けないのが、シュートボクシングの興行でお金を使いすぎちゃって、結婚式のお金がなかったこと。

いくらか頭金をいれなきゃいけなくて、会場費だけで1000万円くらいかかったかな。

式では、仲人をお願いした吉幾三さんと山本譲二さんに一曲披露していただいた。

山本譲二さんとは同じ山口県出身。共通の知り合いであるテレビ東京の演歌番組のプロデューサーが、引き合わせてくれたんだ。

故郷の先輩である山本譲二さんとは、そこからの付き合い。

もともと芸能界には、友人・知人がいたけれど、菅原文太さんや原田芳雄さんらと仲良くなったのは、映画「鉄拳」で共演したからなんだ。

私のファンだという阪本順治《さかもとじゅんじ》監督からオファーをいただいて出演することになり、それ

仲人をしてくださった山本譲二さん（左から２人目）と吉幾三さん（一番右）

が初めての映画出演だった。

私はずっと前から、菅原文太さんのファンだったので、文太さんと共演できるのは本当に嬉しいことだった。

撮影中、文太さんは私のことを「シーザーさん」って言ってくれるんだ。

文太さんのほうが20歳以上も年上なのに。

文太さんは格闘技好きで、団体のトップであることに敬意を払ってくれていたんだろうな、「さん」づけで接してくれていた。恐縮してしまったよ。

撮影は高知の四万十《しまんと》川のあたりで約１カ月にわたり行われて、あるとき、宿泊先の旅館で文太さんが「シーザーさん、部屋に来ますか」って誘ってくれたんだ。

文太さんは、毎晩、二合ぐらい日本酒を飲

んで寝るらしいんだけれど、その日は、東京から持ってきたワインがあるんだという。憧れの文太さんと2人きりでの語らい、嬉しかったね。

文太さんは見た目どおり、とても真面目で実直な方だった。

結婚式では文太さんに、乾杯の音頭をしていただいた。

「最近の若いやつは恩とか義理とか知らないやつばかりだけど、シーザーさんはそんな男じゃない。頼む」――。

なんかヤクザ映画のワンシーンみたいな挨拶だった。

映画「鉄拳」に出演したことで、驚くような素敵なこともあった。

キョンキョンこと小泉今日子さんの所属する芸能事務所の社長と私が知り合いだった縁で、あるとき、キョンキョンの誕生パーティーに招待されたんだ。

会場はホテルの宴会場で、料理がビュッフェスタイルで並んでいる。

私が料理を取りに行くと、そこへちょうどキョンキョンが現れたもんだから、「お先にどうぞ」と言うと、「いや、シーザーさん違うんです。私、シーザーさんのファンなんです」と。

どういうこと？ と戸惑っていると、「私、『鉄拳』見ました。素晴らしかったです」と

菅原文太さん（中央）には乾杯の音頭をとっていただいた

阪本順治監督（左）、原田芳雄さん（中央）、菅原文太さん（右）

あのキョンキョンが言うんだ。すごく嬉しかったね。

彼女流のリップサービスなんだろうけど、思いもしない、「鉄拳」出演による波及効果に驚いたよ。

キョンキョンとの関係としては、それっきりだったけれど（笑）。


この結婚式で面白いハプニングあったといったけれど、じつは、前田日明と骨法《こっぽう》の堀辺《ほりべ》正史《せいし》さんが言い合いを始めて、ケンカになりかけたんだ。

「お前、表出ろ」

「何!? 冗談じゃない」

みたいな揉み合いが始まって、藤原喜明さんが必死になってそのケンカを止めてくれたんだけど、堀辺さんは前田より20歳近く年配。

骨法は船木誠勝や獣神サンダー・ライガーも習いに行っていたり、当時謎めいた新興格闘術として話題だった。

それにしても、私の結婚式だよ。外でやれよと思ったね。

前田は本当にケンカッ早いんだ。もめた理由はよくわからないけど、結婚式でもやっちやうんだから前田らしいといえば前田らしいよね。

結婚式には元極真空手の最高師範、目白ジムの黒崎健時さんも来てくれていた。黒崎さんは怖いイメージがあるし、実際厳しい方ではあるけれど、すごく懇意にさせていただいた。

黒崎さんがご存命のときに、「シーザー、お前しか格闘界を引っ張っていくやつはいない。頑張れ」と言ってもらえたのは、今も心に深く残っている。

黒崎健時さん

内田裕也さん率いる、ジョー山中さん、BOROさん、安岡力也さん、桑名正博さんら内田組とも親交があった。

1995年、阪神淡路大震災の時、義援金を集めるために内田組と合同で、格闘技&ライブのイベントを大阪のミナミや北新地でやったんだ。

震災が発生したのは1月17日で、後にアンディ・サワーや緒形健一、鈴木博昭、海人、RENAなどがチャンピオンとなったシュートボクシングの世界最強決定トーナメント『SHOOT BOXING WORLD TOURNAMENT S-cup』の第1回大会を開催したのが1月31日。

当時のエース吉鷹弘という大阪在住の選手が見事優勝を収めたものの、震災直後でイベント自体は大赤字。でも大会前日から裕也さんたちと募金を募って、義援金は150万円ぐらい集まった。

とにかく義援金を届けるために、翌日の2月1日、神戸へ行こうとするも大阪から神戸へ続く道路は封鎖状態。

そこで、船を持っている知り合いが協力してくれて、みんなで乗船し神戸港へ向かった。

上陸すると、神戸の街はあたり一面、がれきの山。

想像以上の被害状況に言葉を失ったよ。

そんな中、神戸市役所へ義援金を届けにいく途中で一人の男性に声をかけられたんだ。

「シーザーさん、昨日の興行よかったです。シュートボクシング最高！」

おそらく地元の方で、大変な状況の中、大阪府立体育館まで『S-cup』を見に来てくれていたんだ。

地震があってすぐの大会。開催すること自体も大変だったし、お客さんの中にも被害に遭われた方もいたと思う。

その方の言葉を聞いた時、思わず涙がこぼれたね。

あの時、世間に対して、恩返しをしなければと強く心に思ったんだ。


内田組とのつながりよりも前に、私は安岡力也さんと懇意にさせてもらっていた。

「日曜格闘談」という格闘技をテーマにしたラジオ番組を、彼とやっていてね。

まだ若手だったころの蝶野正洋や橋本真也といった、プロレスラーなんかもゲストで来ていた。

橋本も縁あって、結婚式に来てくれていたのを思い出す……。

安岡さんとは映画でも共演していたし、あんな調子で明るい人だった。

安岡さんは元ワルで巨体&強面ゆえ芸能界一ケンカが強いとかいわれていたけど、あの人は基本的に優しい。

むしろ、ちょっと人より繊細すぎるぐらいの方だった。

そんな安岡さんの兄貴分だったのが内田裕也さんなんだけど、内田さんもじつはそんなに気が強くない。

一度ビシッと言ったことがあるんだ。

昔、渋谷に「ドンキホーテ」っていう飲み屋があった。

安岡力也さん（左）とは一緒にラジオ番組をやっていた

橋本真也（右）も結婚式に来てくれていた。中央はアニマル浜口さん

その店は、石原裕次郎さんがずっと来ていたことで有名なんだけど、私はそこのマスターと仲が良かったんだ。

その店が看板を下ろす日、常連だった芸能人が閉店を惜しんでいっぱい駆けつけていた。私は同い年で気が合った歌舞伎の五代目中村勘九郎、マッチこと近藤真彦の3人で、トイレの横あたりで飲んでいたんだ。

そこに、内田さんがやってきて、「おいマッチ、お前挨拶なってねえぞ。行儀悪いんじゃねえか」なんて怒りだした。

ロックとか音楽の世界はけっこう上下関係があるのかな。

それでマッチはトイレの横で正座させられそうになっていて。

内田裕也さんていうのは酔うと結構、若手への当たりが強かった。

「もういいじゃないの」って私が言っても、「いや違う、シーザー。ケジメだから」って聞かない。

そんなやりとりをしていたら、だんだんイライラしてきてね、「なにがケジメだ、この野郎。コイツは俺の友達だ」って私が怒ったら、内田さんが引いて付き人が止めに入ってた（笑）。

そこらへんから内田さんと仲良くなっちゃったんだ。

ああいう人には、思ったことは強くいわなきゃダメなんだ、常に世間と戦ってるロックンローラーだからね。

だから私のことは絶対ナメてこなかったね。

内田さんを試合に一度、招待したことがある。

そしたら内田さん、グッチのネクタイをプレゼントで持って来てくれて、「おめでとうございます。店行って、シーザーにこれ買ってきたから」なんて言う。

あれから何年経っただろう。申し訳ないんだけど、そのネクタイ、一回も着けていない。デザインが好みじゃなかったのかな（笑）。

天国の裕也さん、大事に保管してましたけど、近々、一回着けてみようかなと思っています。


シュートボクシングを立ち上げるだいぶ前のこと。

所属していた大阪の西尾ジムが潰れて、途方に暮れていたときがあった。格闘技しか知らなかった私は何もすることがない。

それで一時期、兄弟子たちと、吉本興業の人と一緒に、お笑いとキックボクシングの共同イベントを頻繁にやっていた。

その頃、私は芸能事務所にも所属していて、そこの社長が吉本興業とつながりがあったんだ。

イベント会場はデパートや遊園地、商店街、スーパーマーケットの店先とか。

基本的に芸人の漫才がメインのイベントなんだけど、漫才の前座として、我々がキックボクシングのエキシビジョンマッチを行うんだ。

それだけに止まらず、私が歌が得意だったことで歌謡曲を歌ったりもしていた。

沢ひろしとTOKYO99の「愛のふれあい」を歌ったときなんて、歌詞を忘れて1番の歌詞を3番までずっと歌って、観客からクスクス笑われたり。

めちゃくちゃだよね。そもそもなんでキックボクサーが歌っているんだっていうね。

とても不思議なイベント。

主催する側の人からすれば、とりあえずお客様を喜ばせて、賑わっている感を出して、そこにまたお客様が来てくれればいいわけでね。

日銭を稼ぐための仕方なしの仕事だったけど、どこへ行っても満員御礼。大賑わいだったよ。

そのころ知り合った吉本芸人は、月亭八方さんやオール阪神・巨人さん、間寛平さんといった錚々《そうそう》たる顔ぶれ。

間寛平さんはいい人で、テレビの印象とあまり変わらない。

オール阪神・巨人さんもそう。

何度かそういうイベントをやったけど、これじゃダメだ、本業をもっと頑張らなければと思って、しばらくしてやめた。


イベントなどで一緒に仕事をしたわけじゃないんだけど、吉本芸人の中でお世話になり、よくしていただいたのは横山やすしさん。

出会いのきっかけは知人の紹介。当時、すでにやすしさんは大御所だったんだけれど、何度も試合会場に来て応援してくれた。

私の格闘技生活20周年のパーティーがあった時、来ないだろうなとは思いつつ招待状を出したら、なんと本当に来てくれた。

ちなみにこのパーティーには政治家の深谷《ふかや》隆司《たかし》さんも来てくれて、SB（シュートボクシング）のコミッショナーになってくれたんだ。

それにしても、なんでやすしさんが私のことを応援してくれていたのかは不思議。なんかこう、つながってしまう。

間寛平さん（左）

同じ関西出身ということだったから親しみをもってくださっていたのかもしれないけど、関西出身の格闘家なんてたくさんいるからね、やっぱりわからない。

やすしさんの家に、一度うかがったことがある。そのとき、メザシの丸干しを出してもらったんだ。というかメザシしか出てこなかった。あれしか、やすしさんは食べない。メザシで酒をずっと飲んでいるんだ。

「シーザーこれ食べや。これはあれやで、赤坂東急の地下で売ってるやつや。これはうまい。食べていけ」って。

やすしさんがタクシーで事件を起こして休業していたとき、「あれなんでですか」って聞いたら、「アホかお前、シーザーあれやぞ。あいつら昔でいったら駕籠《かご》屋やないかい。駕籠屋を駕籠屋ゆうて、なにが悪いねん。なんで俺が悪いんや。ほんま頭くるで」と言っていた。開き直って少しも悪びれていないんだ。

世間的には毀誉褒貶《きよほうへん》ある方だったけど、ああいう人、好きだったね。実にあっさりしてる。「わかった」「よし」「これでいけ」。

なにかお誘いしたときなんかも、「あかんときはあかんで」と言うけど、「よし。わかった。俺は行く」と。

やすしさん、怖いもの知らずでね。リスクとか全然考えてない。「やれるならやってみんかい」っていう方だった。

そもそも、やすしさんは格闘技が好きだったみたい。一度リングに上がって挨拶してもらったことがある。リングの中央で、観客に向かって「まいどー!」なんてやってた。何を話したかはあらかた忘れてしまったけれど。

あるとき、やすしさんの頼みごとをかなえたことがある。そうしたら、やすしさん、大阪でのシュートボクシングの大会の会場に花束を持ってやって来たんだ。

会場のスタッフに聞いたら「やすしさんは開場スタートの1時間も前から入場口のところで一般のお客様に混じってシーザー会長を待っていたんです」。ビックリしたね。律儀なやすしさん、素敵な方でした。

私が所属していた芸能事務所の社長っていうのは、グループサウンズ全盛の時代に、オックスっていうグループがあってそのグループの社長だった。

ブルーコメッツとかタイガースとかと同じ時代だよ。

その世代の人たちが今も芸能事務所をやっているんだけど、田辺エージェンシーの田邊《たなべ》昭知《しょうち》さんもその一人。

元バンドマンでプレイヤーだったけれども、仕切る側に回って活躍している方ってたくさんいらっしゃる。

横山やすしさん

田辺エージェンシーといえば、タモリさんとも親交があった。

タモリさん司会の番組「笑っていいとも！」のあるコーナーに、シュートボクシングの大会の宣伝かなんかで出たことがあったんだよ。

そのへんから知り合いになってね。

六本木のとあるジャズバーがあるんだけど、

2人ともその店の常連だった。

タモリさんはプライベートでも、テレビに出ているときとあまり変わらない。基本的にタモリさんもあまりしゃべらない人で、人の話を見守る感じでふーんって具合に聞いてる。

カリスマというのは、猪木さんにしても、岡本太郎さんにしても、しゃべらない人が多い（笑）。

そういえば、「笑っていいとも！」に出る前に、「タモリ倶楽部」に出たこともあるらしい。

らしいというのは、私はこの放送を見ていないんだ。

タモリさんがＵＷＦの道場に来て、そのとき私が蹴りを若手に教えている風景が流れたという。

番組としては、本当はＵＷＦの取材なのに、タモリさんがなぜか私に興味を持ったみたいで、本筋とは外れて私のことばかり話題にしていたというんだ。

私自身は指導に熱中していたから、このことはよく覚えていない。

でも、そんなことがあったから、「笑っていいとも！」に出演したあと、すぐに仲良くなったんだろうな。

結婚式で思い出したけど、妻と結婚する前の独身時代のことで少し妙な話がある。

曙橋に山本譲二さんとよく行くスナックがあった。

そのお店近くの某所に広島の有名なお坊さんが月に何度が来ていたのだけれど、じつはそのお坊さんは、ちょっとしたことで人の体の不調を治す念力みたいなものをもっているんだ。

だから、私はそのお坊さんにしょっちゅう体を診てもらっていた。

あるとき、当時付き合っていた彼女も一緒に連れていくと、そのお坊さんは私と2人きりになった時、「あの人、誰?」って聞いてきた。

「付き合っている彼女で、結婚しようかなと思っているんです」

私がそう言うと、次の瞬間、住職は驚くべきことを口にしたんだ。

「あの女性はやめたほうがいい。人間の顔をしてないよ」

エーッ!　うそでしょう?　彼女と付き合っていて、怖い一面なんか一度も見たことない。

「でも僕、あの人と結婚しようと思っているんですよ」と言うと、「やめたほうがいい。またすぐに同じような女性が現れるから」

お坊さんの言葉をにわかには信じられず、「ああ、そうか」ぐらいで、別れは切り出せなかったんだけれど、しばらくして、自然とその彼女との関係は終わることになった。

別れたすぐあとに、今の女房となる女性と知り合って、付き合いはじめたんだけど、なんとなくその元彼女と顔が似ているんだよ。

元彼女のことを知っている山本譲二さんなんか、私の彼女が変わったことに気が付かず、新しい彼女に向かって「おお、○○ちゃん、久しぶり」なんて、元彼女の名前で呼びかけちゃってね。

「譲二さん、違います、違います」って慌てて止めたよ。

お坊さんの言うとおり、そういう人が現れるってことが驚きでね。

元彼女が、化け物的な人だったかは、今もってわからない。

当時は舞い上がって、人を見る目が曇っていたのかもしれない。

ちなみに元彼女と出会ったのは、前にも出てきた前田たちとよく飲んでた六本木のバーだった。

シュートボクシングを立ち上げ、軌道に乗りかけて、少し天狗になりかけた頃だった。

私の人生、いつもそう。不思議と変な奴はみんな去っていくんだよ。

こちらが何かしたわけでもなく、排除しようとかも考えていない。普通に自然消滅の形で関係が終わっていくんだ。不思議とね。

女房とは、知人の紹介で知り合ったんだけど、これも人が運んできてくれた良縁。佐山聡との出会いと同じパターン。

「会わなくて別にいいよ」ぐらいの消極的な態度だった私を誰かが積極的に連れ出して、結果、今も続く縁につながっている。

このことには感謝しかないよね。

エピローグ　現役最後の試合

現役最後の試合は、１９９０年8月26日のスティーブ・マッケイ戦。35歳の時だった。

シュートボクシングに詳しいアメリカの選手で、私のことも尊敬してくれていた。

最後、もう自分でリングに倒れたんだ。

本当はもう少し頑張れたんだけど、もういいなって自分で決めた。

みんながタンカで私を運んだのも全部知ってるわけ。

でも、もう自分の中で区切ったんだ。

団体を立ち上げて、大会を開いて、ポスターも自分で作って、チケットも売って、お金も集めて、さらに自ら試合をして……。

もう立たなくていいなと思ったんだ、単純に。

もう終わっていいと、スイッチを切った。

私生活も含めてすべてをシュートボクシングに捧げて、全部出しきった。

本当に疲れていた。

殴っても痛いし、蹴っても痛い。殴られても余計痛い。

これはもう終わったなと。

相手の選手は武士道をよく知っていた。

引退となった試合をあとで映像で見たけど、私のコーナーに正座して頭を下げている。

それを見た時に「あ、武道っていいな」と思った。


結局、シュートボクシングのリングでは60戦以上、それを含めてキックの試合全部で150戦以上やってきた。

現役生活は約20年。よく頑張ったと自分でも思う。

25歳から自分で興行をやっていたけど、10年間くらい選手兼社長兼プロデューサーだった。

すごく長く感じたけど、今考えると10年。意外と短かったのかもしれない。

試合後のシャワールーム、これまでの出来事が頭の中を駆け巡り、号泣した。

振り返ると、波乱万丈なハードな人生だった。

くわしくは、拙著『絆――良い人生は情によって育まれる』に書いたけれど、この本でも少しだけ触れてみようと思う。

童謡詩人、金子みすゞの生誕の地として知られる山口県長門《ながと》市仙崎に我が家はあり、両親と8つ離れた兄、6つ離れた姉と自分の5人家族。

父は鳶《とび》職人で、戦時中にもかかわらず、一時は400人の職人を束ねるほどの人物で裕福な家だったらしい。

中学生時代の著者

私が生まれたときはすでに貧乏生活だったので、裕福だった頃のことは知らない。

戦後、貨幣価値が十分の一になり、紙きれ同然になると、一転して貧乏になってしまったという。

私が生まれた1955年ごろには父が転落事故に遭って休業状態、母が魚の行商をしながら一家を支えていた。

私は運動神経がよく小学校の徒競走ではいつも一番、ケンカもよくする悪ガキではあったが成績もよく文武両道、高学年になると、全校の副委員長にも選ばれるほどの優等生だった。

貧しいながらも幸せな日々を過ごしていた。

そんな生活が一変したのは10歳の頃。

父の体調が悪化し、家計を支えながら父の世話をしていた母が家族を残して突然家を飛び出していってしまったのだ。

あまりにハードな毎日に耐えきれなくなったんだと思う。置き手紙もなかった。

そんな折、兄が就職で東京へ。

姉が私を優しく世話してくれていたのだが、母がいなくなった寂しさからか気性の荒くなった父と姉がケンカ。

結局、姉も家を出ていき、極貧生活の中、病弱の父と2人で過ごすことになったのだ。

近くに住んでいる親戚もなぜか私を助けてはくれなかった。

やがて、父のもとを抜け出し、母や姉と大阪で再会するが、再会したとき母はすでに土建業を営むヤクザな男と再婚していた。

そこから大阪で暮らしはじめた。

10代の中ごろはとにかくケンカに明け暮れた。

暴力事件で高校を1年で中退、それでもやっとキックボクシングという希望を見つけ、選手として評価され始めた頃に所属ジムが消滅。

神奈川に活動拠点を移し、大会を主催するなど自力で頑張っていたけれど、信じていたビジネスパートナーにも裏切られるなど、散々。

順調に進みかけた頃に、いつも決まってトラブルが起きた。

なんとか人生がいい方向に回り始めたのは、それこそ佐山と出会い、シュートボクシングを立ち上げた頃からだよ。

それからだって茨の道だったけれど……。


格闘技の試合は、どの試合も、リングに上がる前までは怖くて怖くて仕方がなかった。

いざ試合がはじまったら恐怖心は消えるのだけれど、試合前に感じる怖さは、最後の試合まで消えなかったね。

やっぱり格闘技は危険をともなうスポーツで、いくら強いやつだって、うっかり頭にいいキックをもらっちゃったら、試合が終わるどころか、人生が終わってしまう可能性がある。

それでも、試合が終わったあとに、もう二度と試合に出るのはやめようと思ったことはなかったね。これは自分でも不思議。

何度かの大きなケガを乗り越えて、最後まで走りきれたなと思うよ。

悪ガキだったときのエピソードは明かしたけれど、格闘技の世界だけではなく、人生を通してこの年になるまでなんとか無事にやってこれたのは、ある意味、奇跡だったかもしれない。

自分でいうのもなんだけれど、人は殴ったけれど、善良な市民に手を出したことはないし、弱い者いじめなんかしたこともない。相手はいつも自分と同じ〝ワル〟(同業者)だった。

あまり気にしない性格で、執着しないタイプだから、好き嫌いはあるけど、自ら恨みの感情にとらわれることはなかった。

もちろん、裏切られたら頭にくるけど、人にされた酷いこと、あんまり細かくは覚えていないんだ。

こいつに復讐してやろうとか、足を引っ張ってやろうとかっていうそういうのはない。

いつだって、その場、その瞬間を全力で生きてきたし、いつだって、今と未来に興味があるんだ。

自分ごとで恐縮だけれど、このことはすごい大事なことだと思っている。

「今と未来」

いくつになっても前を向くこと、感覚が若いということ、常に新しいものを探すこと、これらは重要で、それが若い人がついてくる秘訣だと思っている。

過去の栄光を引きずり、その延長線上でやっているやつのところには、若い人はついて行かないよ。

日々新しく、前を見て何かをやろうとしてる人のところに、若い人も集まってくるんだ。

年齢の問題じゃなくて、前を向いて生きているのかどうか。

これで、ずいぶん変わってくる。

たとえば、若い頃の栄光に懐かしく浸ってる60代と、この先をさらに見据えて行動している60代では持ってるパワーも違うし、吹く風も違うと思っている。

神様も味方してくれるっていうかね。

先を見据えている人には、先を見せるような運気を送るし、ここらで終わりと思ってる人にはそれなりの運気しか送らない、応援もこの程度にするか、というね。

私は今、68歳だけど、68って大したことないよ。まだ頑張れる。

あと20年ぐらいは頑張れる。

65歳で定年になったから、これからは好きなことをする、っていう人がいるけど、私は今までも好きなことやってきたし、これからも継続していくだけだね。


「下手したら死ぬかもしれない格闘技の試合を150戦以上もこなして、リングで致命傷を負わなかったのはなぜですか。戦争に百何回も行ってるようなもんです。なぜ無事で生き残れたのですか」

ある知人にそんなことを聞かれたことがある。

じつは私の格闘技人生は、自信満々だったにもかかわらず、デビュー戦から3連敗という屈辱の経験から始まった。ショックではあったけれど、そこで格闘技の怖さを知ることができたんだ。

だから、致命傷を負わないように一生懸命練習するし、準備をした。

もっと言えば、戦術として相手を倒すことよりもまず倒されないこと。ディフェンスを大事にしたんだ。

試合をしているときの攻撃と守備の意識の割合は6対4だった。

相手を倒してやろうという気持ち１００パーセントじゃないんだ。攻めたあとに人間って必ずスキができる。

そこをもらわないように考えていた。

ただ守りのことばかり考えてると攻撃力が半減するので、攻守の切り替えというのは、もう練習で覚えるしかないし、体に覚え込ませた。

頭で考えて試合をやってると絶対倒せないんだ。

無我夢中になって攻めるんだけど、パンチやキックを出したあと、自然に体がもうディフェンスの位置に来てる。そういうのを練習で体に覚えさせる。

そして、今がチャンスと思ったときは、１２０パーセントくらいの感覚で一気に攻撃する。


スポーツや武道の世界では「心技体」が大事だとされている。

どれも大切だけれど、私は「心」を一番上位にあげたい。

技術を磨くのも、体力をつけるためにランニングをするのも大変。

それでも、きつくても頑張ろう、朝早くてまだ寝ていたくても起きて走りに行こうというのも、心がしっかりしているからできることなんだ。

みんな心につながっていく。

指導者として、日々若い選手たちに接していると心の重要性というのがよくわかる。

体力がついたかどうか、技が上達したかどうかは、すぐにわかる。

しかし、心の成長はぱっと見ではわかりにくいもの。

心が磨かれた結果として、出てくるのは何か。

それは、普段の生活態度がちゃんとできるようになるということなんだ。

例えば、人にちゃんと挨拶ができる、気遣いができる、時間を守れるということなどだ。

そういう若手は実際に強くなる。

心が磨かれている人とそうでない人の違いは、端的に言うと心の視野の広さなんだな。

心の磨かれていない、心の視野の狭い人はどうしても自分中心になる。相手を見ない。

心の視野が広くなると、自分以外の人や物事の変化に気付くことができる。

要は心に余裕ができるということだ。

自分のことだけに精一杯にならなくなり、周りに目が行くようになることは、道徳面においてのみならず、実戦においても有利に働くんだ。

相手を見ながら試合ができるようになる。

東京・白山にジムがあった頃のジム風景

格闘家は強さを追い求めるものだけれど、やがて現役を退くときがくる。そこからは一人の一般の社会人として生きていくのだ。

社会とは、人として大事なことを理解し、互いに尊重し合いながら生きていく世界。他者を愛し、他者に愛されなかったら、実り多き豊かな人生を送ることは難しい。社会に相手にされない人生は虚しい。

だから、シュートボクシングの選手たちには、このことを強く指導している。


さきほどの知人にはこんなことも言われた。

「おそらく会長は普通の人が持つ冷静さのもう一段上の冷静さを持ってるような気がする。試合においても人生においても。だから百何十戦もして致命傷を負わなかったし、会長自身は今も元気で、シュートボクシングも続けられているのではないでしょうか」

このことは自分では確かめることはできない。

けれど、ナンバーワンの強さを追い求めていく中で、いつだって人として大事なことを忘れないようにしていたし、人の恩義に報いようとしていた。

極端にいうと、自分のために戦っていたのではないような気がする。

自分を慕い集まってくる若い人たち、シュートボクシングを応援してくれている人たち……なんとかこの団体を発展させ、なにかと理不尽で不条理なことの多かったキックボクシング界に風穴をあける存在であろうと自らを律していたと思う。

その結果、心の冷静さを獲得し、誰かに愛されて今があるとするなら、それは誇りに思うことだし、非常にありがたいことだと思う。

特別対談①

「勝負の極意」
シーザー武志
VS.
富山英明
（日本レスリング協会会長）

スポーツ雑誌での対談

シーザー　1984年のロサンゼルス五輪が終わって1年後くらいに、あるスポーツ雑誌の記者の紹介で富ちゃん（富山英明《とみやまひであき》）と初めて会ったんだよね。

富山　そうですね。ロス五輪で金メダルを取ったあとアイオワ大学に1年間コーチ留学をして、そのあとですね。その記者さんからシーザー武志さんという面白い方がいるから対談してくれないかということで。その時の対談内容はあらかた忘れてしまったけれど、金メダルを見せると、シーザーさんは「俺もチャンピオンベルトを持っているけれど、金メダルはやっぱり価値が違う」と言っていました。

シーザー　長い歴史をもつオリンピックにおけるメダルの、しかも金メダルだからね。重みが違うよね。

富山　その対談以前はシーザーさんのことは知らなかったんです。

シーザー　僕はね、富ちゃんのことはテレビや新聞で知っていた。レスリングの金メダリストだったからね。ただくわしいことは知らなかった。あの頃は、アマチュアとプロは接触する時代ではなかったし。

富山　当時はアマチュア規定みたいなのがありましたからね。今はあらゆるスポーツのジャンルで交流が盛んになったけど、当時はちょっとしたタブーだった。

シーザー　ましてやオリンピックに出場するような選手とはね。

富山　異例な対談だったと思います。記者さんをはじめ、いろんな人にいろんな人を紹介されて会うんだけれど、やっぱり相性というのがあって、シーザーさんとは本能的な相性がよかった。

シーザー　なにをしてようが、どんなふうに生きていようが、人間性がよくないとつながらないですよね。うわべだけの話はできるけど。富ちゃんは人間がいい。

富山　私もシーザーさんも田舎者。ちっちゃいころ裸で虫や魚をとったり、育った環境もあると思う。風土的なね。一回紹介されても次に会おうというのはなかなかないじゃないですか。そのあと、一緒に飲みに行ったり、シーザーさんの試合を見に行ったり。

そのころシーザーさんはシュートボクシングを立ち上げたばかりで、スター選手でありながら、現場を仕切り、営業的なこともすべてこなしてましたね。だから夜、銀座とかでお付き合いもしなきゃいけないし、試合も出なきゃいけない。死ぬんじゃないかと思っていましたよ。実際に一回肝臓を悪くして死にそうになっていましたよね。

シーザー　具合が悪くなって入院すると、富ちゃんは必ず来てくれたね。俺がもう死ぬと思っていたんでしょう（笑）。

富山　ＩＣＵに入っているし、最後の言葉をちょっと、と思ってね（笑）。

シーザー　そのたびに復活してくるから、丈夫だねなんていわれたよ。

富山　実際に何度か生き返ってた。

シーザー　富ちゃんもさっき言ったけど、本当に対談した人とは8、9割、それっきり。その後、プライベートでも交友関係が続くというのは、珍しいこと。もうずいぶんと長い付き合いになったよね。

富山　そうですね。シーザーさんがシュートボクシングを立ち上げたすぐあとぐらいに出会って、40年近いお付き合いになりますね。

シーザー　富ちゃんはわかりやすくて、裏がないんだ。言ったことはちゃんとしてくれるし、やれないことは、「シーザーさん、だめ。やれない」とはっきり言う。そういうほうが付き合いやすいよね。僕のほうが富ちゃんより2つ年齢は上だけど、真の友達だなって思う。心根に正直さを感じたんだね。やっぱり裏表がある人のことは、あまり信用できないじゃないですか。

人の見分け方

シーザー　僕はね、独自の嗅覚で人を見分けているんだ。小さい頃からいろんな人を見てきた。親もいないようなもんだったし。ある時期、大阪の西成《にしなり》で手配師の仕事をやっていたことがあってね。大勢いる日雇労働者を見ながら、「こいつ仕事するかな、どうかな」といつも吟味していた。手配師というのは、見極めないとだまされちゃうから。

例えば、彼らに仕事をさせようと思って、飯を食わせたり酒を飲ませたりする。飲んでも仕事をやるやつはいる。でも、目を離したすきにパーッといなくなっちゃうやつもいるんだ。はっきりいって、そんなやつばっかりだった。

そういうダメなやつは作業着を着ているんだけれど、手がきれい。汚れていないんだ。仕事を日頃からしていないんだな。いかにも仕事をしているような恰好をしているんですよ。でも全然ダメ。

「荷物はあるの？」とこちらが聞いて、その場に持っていたり、「ロッカーに入れています」なんて言う人は実際に仕事する。「持っていないけど、大丈夫だから」なんていうやつは、必ずどっか行っちゃう。

富山　すぐに逃げちゃうんだ。

シーザー　そう。夜中の2時ごろになると我々は日雇い労働者を雇うために集会みたいなのを開くんだ。すごい人が集まる。俺は雇う側なのに、いかにも労働者のふりをしてその中に紛れ込む。

それで、周りの人間といろいろと話をしたりして、その中でまともそうなやつに「今日、仕事行くか」って声をかける。スカウト活動だね。「バスに乗って待っとけ」と言うんだけど、たいてい声をかけていないやつも乗り込んできてバスは一杯になっちゃうんだな。そうすると暴動がおきたりする。

富山　え、暴動ですか？

シーザー　うん。彼らは雇う側に対してクレームをつけて暴動をおこして、それで金をせしめようとするんだ。そういう手口を知っていたから「わかった、わかった、乗れるだけ乗れ」といって押し込み、作業現場に向かう高速道路の入り口まで行った時に、「お前ら降りろ」って間引くんだ。集会場で降りろなんてやったら、それこそ大暴動。小さい頃からの知恵ですよ。

富山　また、すごい話ですね。

シーザー　学生の頃から周りに悪いやつが多かったから、そういうやつの捌き方や対処の仕方を覚えちゃった。富ちゃんはレスリングで必死になってやって金メダリストになった。正直そういう人に憧れているし、すごいよ。とにかく富ちゃんの生き方が好き。本当にいろんなタイプの人に出会ってきて、富ちゃんには、本物の人のにおいを感じたんだ。信じていい人、お付き合いしてもいい方だという嗅覚が働いた。

初めてのシュートボクシング観戦

富山　最初、シュートボクシングとはどういうものかわからなかった。シーザーさんに招待されて見に行ったら、投げ技があることにまず驚いたんです。投げはレスリングにも共通するところ。面白かったですね。自分で団体を立ち上げて、引っ張っていって、後輩を作って、普及させるというのは本当に大変。シュートボクシング＝シーザー武志だから、ギリギリでやっている、生活を犠牲にして命を削ってやっていましたよね。次のスターが出てくるまで頑張らなければならない。

シーザー　富ちゃんが言ったことで、忘れられない言葉があるんだ。「シーザーさんのことはすごいと思っている。俺たちはレスリングという、すでにレールが敷かれているところを走っていて、シーザーさんは新しい道を作っている。それは俺たちにはまねできないことなんです」って。その言葉がすごく嬉しかったな。

富山　うん。俺たちはレスリングという敷かれたレールの上を自分がいかに速く走るかみたいな感じ。しかし、シーザーさんの場合、レールを自分でつくるところから始めているからね。私にはそういう技量はない。すごいなと。また歌はうまいし、演技力もあるし。こういう人が格闘技の世界にいるんだなと思って驚きましたね。

だいたい格闘技の人はね、競技オンリーな人が多い。バランス感覚のいい人が少なくて。「俺が一番だ」ってばっかりで、会話してもほとんど会話にならない（笑）。シーザーさんの場合、すべて受け入れるでしょう。シーザーさんのようにオープンでつねに場を和ませて、威張らない人はめったにいない。

僕らの世界ってテレビに出ている人と会うことがまずないわけですよ。シーザーさんは芸能界の人たちとよく一緒にいるし、シーザーさんの結婚式に行った時なんか周囲は映画スターや有名人ばかりでビックリしましたよ。前田日明とか髙田延彦もいましたね。

前田といえば、彼とアレクサンダー・カレリンの試合を見に行きましたね。福田富昭《ふくだとみあき》さん（日本レスリング協会前会長）が、「カレリン来ているから会いに行こう」と言ってチケットもないのに会場に行って、「いいんだ、裏から入れば」って裏から入ってリングサイドの何十万もする席のところに行ってね。

カレリンはレスリング・グレコローマン130キロ級でオリンピック三大会連続で金メダル獲得のロシアの英雄。ロシア勢はみんな顔見知りだから、よお！　って言って。カレリンも我々の存在に気付いてリングの上からウインクしてくる。なんじゃこりゃって。試合そのものは茶番劇だったけど。

ロシアは今ちょっとやばい国になってしまい、どこまで信用していいかというのは難しいですけど、レスリングの世界では、ロシアと日本はずっとライバル関係で知り合いばっかり。

世界選手権では何度も対戦しているけれど、モスクワ五輪は日本が不参加、ロス五輪はソ連（現ロシア）が不参加で、オリンピックで世界一を争えなかったというのはいまだに残念でした。日本とロシアの選手にはお互いに無念という思いがあります。

勝つために必要な要素

富山　勝負の世界では「心・技・体」が大事だとよくいわれます。心技体どれも重要なんだけれど、よく僕らが選手に言うのは、「技術や体力をいくら磨いても最後は心を磨かないと勝てないよ」ということです。シーザーさんも同じ考え方ですよね。

シーザー　心がしっかりしていれば、練習なんてほっといても自分でやる。ただ心ができていないとフラフラしてしまうよね。

富山　練習は限界までやる。勝っている人間は限界を超えています。人間って体がきつくなると脳が反応して、限界まで8割くらいのところまでくると脳がリミッターをかけて止めてしまう。これ以上やるなと体に指示を出すんです。脳のメカニズムはそうなっているらしい。しかし、一流になるとその限界を超えてくる。超えるには体力がないとだめで、リミッターを振り切ってパーンといったときに体が自由自在に動けるようになりますよね。

シーザー　そのとおりですね。

富山　恐怖感も緊張感もない、なんていうんだろう。力が抜けてスムーズに風のように動けるようになる。我々はこれをセカンドウインドって呼んでいるんだけど。

解説を務める富山英明さん（左）

シーザー　目いっぱい練習して苦しくて、それを超えたときが本当の練習です。

富山　そうなんですよね。私の場合、柔道をやっていた4歳上のやんちゃな兄にとにかく鍛えられたんです。兄は柔道が楽しくて仕方ないから、毎日、私を練習相手にして投げ飛ばすんです。田舎の家の居間は広くて10畳くらいある。そこで毎日、「やるぞ！」って柔道の技でいじめられて。そうこうしているうちに自然と柔道技が身に付いちゃったんですね。

そんなある日、ちょっかいをだしてきた小学校の悪いガキ大将にケンカで勝ったんです。その時の快感と自信。そこが格闘技にのめり込むスイッチだったかもしれない。

土浦日大高校のレスリング部時代は、今じ

や問題になるけど、蹴り、殴り、毎日シゴキが当たり前の世界だった。小橋先生という素晴らしい方がいて、伊藤先輩という2つ上の65キロ級のインターハイチャンピオンがいて。僕なんか52キロ級の選手で体重が10キロ以上も違うから伊藤先輩には勝てるわけがないじゃないですか。ほとんど素人みたいな感じでレスリングの世界に入って、死ぬほど叩きのめされて。

伊藤先輩とは寮に帰っても同じ部屋なので毎日、寝るまでいじめられるわけですよ。今でも覚えていますよ、寝る直前、「あーやっと一日が終わった。今日も生きてた……」って。そういうのの繰り返し。

あの頃は飯も当番制で1年生が作ってたんです。当番だと包丁を持っているから朝、伊藤先輩を刺せばラクになるなあなんてことを考えていましたね。

限界を超えられた理由

富山　あの頃、土浦日大は全国レベルの運動部がいくつもあったけど、あまり勉強はできる高校じゃなかった。僕は水戸出身。親は地元の公立の進学校に行かせたがっていたんです。「スポーツやって、ものにならなかったら人生どうするんだ」と、土浦日大に進むのを親戚一同からも猛反対を受けたんです。地元の水戸工業高校は当時、進学校でそこへ行ってほしいという。

それで、「わかった。水戸工業に入学試験で受かって、そのうえで土浦日大に行く」と言ったんです。レスリングの世界で頂点に立ちたいという気持ちがあったんでしょうね。ここが一つのターニングポイントでしたね。「なんか人生変わるな」という思いがあり、この頃から日記を毎日書き始めるようになりました。

シーザー　聞いているとね。やっぱりガキ大将に勝った快感というのが、ずっと印象に残っている気がするね。「俺、できるんじゃないの？」って。小さい頃にそういう成功体験があるとやるんだよね。

俺の場合でいえば、やっつける相手は8歳上の兄貴だったね。兄貴がえらそうにしていた。こいつだけは絶対に許さないと思っていたね。うちは貧乏だったけど、ごくまれに夕食がすき焼きだったことがある。お肉に火が通ってさあ食べようという時に、兄貴がぱっと部屋に入ってきて、その肉をすべて食べて

しまった。「いつか絶対に殺《や》ってやる」と固く胸に誓ったね（笑）。

親もそんな兄を咎めなかったんです。それは兄がアルバイトをして家にお金を入れたりしていて、親としても大事だったんだ。昔の田舎は跡取りとなる長男が大事で、次男・三男なんかはゴミ。

富山　勝つために練習をやるんだけど、いくら練習しても不安は残ってしまうもの。毎日毎日ライバルを想定して限界まで練習に励む。たとえば、４００メートルのインターバル走でもトップを取り続ける、絶対練習相手に1本も取らせないとか、スパーリングであれば絶対ポイントを相手にやらずに勝つとか。そうすると自分の哲学ができるんです。

それで「10本やって誰にも負けなければ、これでライバルにも勝てる」と。そうやって自信をつけていき、毎日それを繰り返すと、自信から確信に変わっていくんです。「これは絶対に負けない」と。そこまで高める。

それでいざ本番の勝負に臨むと緊張しないんですよ。もちろん多少は緊張するけど、スパーリングにしてもなんにしても負けたらもう終わりだと、死に物狂いで日々緊張して練習しているから、試合になったら余計な緊張はせず、すーっと入っていける。緊張はするけど体は動く。「絶対自分は負けるはずがない」と思えている。それを作り上げればあんまり怖くないですよね。

相手と勝負する前に、すでに自分との戦いに勝ち続けているというか、勝負師の心得は最大の敵は自分自身であることを知っているということですよね。それをいかに思い続けてできるか、できないか。

今日は疲れてあそこちょっと手を抜いちゃったなという時は、練習後に10キロの走り込みをして負けた自分や不安を払拭しました。そうするとスッキリ眠れる。いかに気持ち良く寝て、朝起きて今日もやるぞと思えるか、それを毎日続けられるかどうかですよ。

世界選手権で勝っても一瞬ですよね。表彰台で「君が代」を聞いて、そこから降りたらもう次の戦いがはじまっているから、翌日はもう走り込みをしている。だからロサンゼルスオリンピックで金メダルを取った時には、もう戦わなくていい、もう走らなくていいんだと、あの時が一番幸せでした。

最後は祈り

富山　ロサンゼルスオリンピックの決勝戦前日の晩。オリンピックで頂点に立つという遥か遠くに感じていた夢が明日叶う――死ぬほど練習してきたけれど、不安があるわけですよ。そうすると最後は祈りなんです。

じつは祖父が見に来た試合は今まで負けたことがなく、私にとっては「生き神様」。決勝戦の相手は地元アメリカのデービスで、会場は「ＵＳＡ！　ＵＳＡ！」の大声援で、もう完全なるアウェーなわけです。そこで、「おじいさんの姿を試合会場で見つけられたら負けない」という自己暗示をかけたんです。

そしたらおじいさんの姿が見えて、ニコッと笑っている。緊張しているときというのは、その姿がぼやけちゃうんですね。でも、その時はスッキリとおじいさんとその背景も見えて、その時、「俺は緊張していない、この試合大丈夫」だと思えたんです。

そして、バシッとマットで背中から受け身をとって、緊張をすべてマットに流して。さらにパンパンと両手を叩きました。これには脇が締まる効果と、行くぞという自己暗示の意味もある。そうするとスイッチが入って、そのあとは緊張もなにもなく自然と体が動き、金メダルという長年の夢を実現できました。

世界各国に宗教というのはあるけど、宗教というのは心の中にあるわけですよね。祈りっていうのは迷ったときには必要だなってその時に思いましたね。

シーザー　すごいな。やっぱり五輪で金メダルを取るような人はそこまで自分を追い詰めてやってんだなって。まだまだ俺たちプロの世界の人間は甘いなと思ったね。

恐怖との戦い

シーザー　俺はけっこう臆病なんだよね。

富山　みんな臆病ですよ。

シーザー　試合がはじまるまですごく怖くて。リングに上がって必ず相手の目を見るのが自分の癖なんです。目をずっと見ていると、こいつオドオドしているとか、力んでいるとかがわかってくる。相手を必ず察知してから臨むね。

それですごい冷静な目をしているやつとかもたまにいる。目が奥に入っているように見えるんだ。そういうやつは冷静なの。人を殺しそうな冷たい目をしている。そういうやつは怖いよね。

富山　自然体というか澄んでいるというか、感情がないというか。

シーザー　ひと言で表すと、覚悟が決まった目だね。

富山　目力のある、すごんでくる奴じゃなくてね。

シーザー　そう。ガン飛ばしてくるような、力んだ目をしているやつは怖くない。リングに上がる前は怖いんですよ、不安で。ただ富ちゃんの話を聞いていると、すごい練習しているから不安がぱっと消えるけど、俺は遊びながらやっているから（笑）。

富山　そんなことないですよ。

シーザー　練習するときは人一倍するけれど、抜き方がハンパじゃないからね。だから俺らみたいなプロで生きている人間はいい加減だよ（笑）。もっと練習しなければいけない。

絶対負けられない戦いの心構え

シーザー　「今日ここで負けたら、俺もう次はないな」って、自分で自分を追い込んでやってたね。もうそれしかない。

富山　プロだからね。

シーザー　負けたら、あとないんだもん。俺には、富ちゃんのおじいさんのような守り神みたいな存在はいないんだ。ただ自分を信じるしかなかった。「今日は大丈夫」とかピンとくるときがあって、逆にダメなときもわかる。ダメなときは1ラウンドやればわかる。「これ負けるんじゃないか」と。

もっというと、そういう気持ちになったときは必ず負けるね。それを乗り越えて「いやいや、大丈夫だ」って言い返さないといけないんだけど、自分が言い返せないときがあった。

富山　それで負けちゃう？

シーザー　負けちゃう。最後ボコボコに殴られて。でも俺は最後までやらないといけない。応援してくれている大勢のファンに、恥をかかせちゃいけないからね。来てくれる人に申し訳ないから。

富山　そうですよね。

シーザー　仮にこの試合に負けるにしても情けなく負けるわけにはいかないんだ。頑張っている姿を見せなきゃいけない。５ラウンド制の、あるタイトルマッチがあってね。それはチャンピオン同士の戦いで相手は自分より1つ上の72キロ階級のチャンピオン。４ラウンド目までこっちが勝っていたんだ。「はやく倒れろ、バカ野郎」なんて、よくないことを心の中で言ったんですよ。そしたらバチが当たったんだな。

最終ラウンド、相手のコーナー付近が水で濡れていて、そこで見事に滑って転んだんだ。そしたら相手が俺の頭をバカーンと踏んで、それはレフリーも見えていなかった。録画映像を見たんだけど、転んだ段階で頭を打って、頭がバウンドしていた。そこから記憶がないんだ。でも最後まで戦っているんだね。１００発以上殴られた。

富山　すごいね。危なかったですね。

シーザー　僕は結構やられていますよ。第一、デビューから3戦3敗でしたから。

富山　ええ！　そうなの？　最初から勢いよくいったんじゃないんですか？

シーザー　そうじゃない。だから僕は負けたやつの苦しみがよくわかる。そういう意味では、人を育てることにおいていいアイデアを持っているなとは自分で思う。だから、海人とかあれだけのチャンピオンが出てくるんです。負けた若い子には「負けてもいい、次勝つことを考えろ」と言っています。

富山　なるほどね。

シーザー　結局、デビューから3戦3敗で、4戦目の相手はなんと3戦3勝の人だった。だけど勝ったんだ。あんな嬉しいことはなかった。リングの上で泣きましたよ。

富山　それは初めての勝利だったんですか。

シーザー　そう。キックボクサーになって初めての勝利だった。デビュー戦の時、自分はさんざんケンカで勝ってきて腕に自信があったから「楽勝、楽勝」と思っていた。練習のスパーリングでもある程度やれる感触を摑んでいてね。ところが、結果は僅差の判定負け。

2戦目は、「次は楽勝だろう」と思って臨んだら、1ラウンドのKO負け。この時、まだ学生だったから学校の友だちとかが応援に来てくれているわけですよ。みんなシュンとしちゃってね、カッコ悪かったわ。3戦目はもうビビっちゃってね。後楽園ホールでやったんだけど、もう自分が臆病になっちゃって、攻めにいけない。それでパンチ1発でノックアウト負け。あとで知ったんだけど、そいつはパンチだけしか練習していなかったらしい。それもコンビネーションではなく、シンプルなやつ。笑っちゃうよね。

それで迎えた4戦目。もうこれでキックボクシングをやめようと思っていた。もう俺はだめだ、才能がないと。そしたら勝っちゃった。そこから負けなくなったんだよね。

富山　へぇー。海外の試合なんかもよくあったんですか？

シーザー　タイに行って試合をしたことがある。タイの地方に行ったら、俺は外国人選手ということでメインの試合に組み込まれてね。相手は田舎の人でヤシの木にシュッと登ってヤシの実をとってくるサルみたいな人だった。試合前、「これ飲むか」なんてヤシの実を差し出してくる。「ええ、こんなヤツとやるの？」なんてビックリしたけど。

富山　そうなんですか（笑）。でもあいつらのムエタイは強いでしょう？

シーザー　強い、強い。キックが強烈で、2ラウンド目くらいで足にきちゃってもうダメだなと思った。それまで3ラウンドまでしか戦ったことないんだけど、タイでは5ラウンドまである。だからもうやけくそで3ラウンドから全力でいっちゃえと思って攻めたら、パンチがクリーンヒット。相手が倒れてのびちゃった。「あれ、俺勝ったじゃん」と自分でもビックリ。

富山　すごい（笑）。タイ人にも弱点があったんですか？

シーザー　タイ人ってパンチがあまりうまくないんだ。キックはうまいけど。

強い選手の共通点

富山　タイのムエタイの人って空中でキックを連打するじゃないですか。K－1の試合で魔裟斗がブアカーオのキックで吹っ飛んでいましたよね。

シーザー　ブアカーオは強い。ブアカーオのコーチだった人が今、うちのジムでコーチをやっています。

富山　競技の種目は違っても、見る原点というかポイントが僕にはあるんです。キックとかパンチを放ったときに、いい選手、強い選手は重心がブレないんです。下手な選手は軸がブレるんです。たとえばキックだと、ブアカーオみたいな選手は真ん中の軸や重心がブレずにスパーンと蹴る。しかも連打。あれはすごいですよね。

シーザー　いい選手は肩と腰の位置がずっと変わらないんです。レスリングも一緒じゃないですか。

富山　レスリングもそうです。レスリングでもブレてはダメなんです。逆に相手をブレさせようと仕掛けるんです。強いやつは動いても頭の位置の戻りが速くて、懐に入れない。下手なやつは動いたあと、元の位置に戻るまでが遅いから体勢に隙ができるんです。戻りの速さはひとつのテクニックで、だまし合いなんです。

シーザー　競技は違えど同じ格闘技。共通する部分は多いですよね。ゴルフなんかの球技でも一緒ですよ。人間の体の構造はみな同じだから。

富山　ボクシングなんか見ててもパンチを打ったあとの戻りが速い選手は強い。戻りが速いと次のパンチもパンパンとすぐに出せるじゃないですか。レスリングもフェイントをかけてパッと戻った瞬間に技をかけます。下手な奴はフェイントをかけたあとの戻りが遅いんですよ。それでカウンターを受けてしまう。

シーザー　シュートボクシングもそうですよ。パンチにせよキックにせよ、引く動きがないと当たっても相手にダメージが与えられず、倒れないんです。当てて押し込むだけだと相手は倒れるかもしれないけど、やはり打ったあとに引くことで脳に振動が響くんです。

動くタイプと動かないタイプ

富山　カウンターを狙うタイプの人は動かないですよね。

シーザー　俺は動いていくタイプというか、攻めていくよね。

富山　僕はもう100%、いや120%自ら仕掛けるタイプ。

シーザー　立ち技格闘技の勝負は前に行ったほうがいい。前に踏み込まれたら相手は下がらざるをえない。その間に中に入れるじゃないですか。前に踏み込めた人は体重を乗せたパンチを出せるけれど、下がらされた人は体勢が後ろになってパンチを出しても手打ちになってしまう。

富山　レスリングにおいて、僕はカウンタータイプの相手が嫌いでした。相手に待っていられると難しかったです。

シーザー　間合いの取り合いにおいて、相手側に踏み込む瞬間は怖いけれどそこは勇気ですよね。やはり勇気のないやつは勝てない。

富山　これも慣れでしょうね。私も初めて世界選手権でソビエトの選手と試合したとき、あいつらカウンターを狙って待っているわけですよ。動いてスパッと踏み込んだとき、日本人選手は下がってバシッと相手の手を切るんだけど、ソビエトのやつらは下がんないんですよ。入ってきた相手を受けて抱えて返そうとするんです。そんなことやられたことがないから、入って返されて、入って返されての繰り返し。

シーザー それは厳しいね。

富山 そのうちわかるわけです。相手の懐に入った瞬間に浮かすとか、ずらせばいいんだと。最初はわからなかったです。日本だとタックルで入ってきたら下がって切れ、と教わる。しかしソビエトのレスリングは下がらない。

シーザー レスリングは入ったら組める。俺たちは組めない。そこは違うけれど、戦う距離感に関して、自分の戦いやすい距離感を早く摑めるやつは強くなります。そんなことないですか。

富山 絶対にそういうのはありますね。自分の距離じゃないのに強引に入るとカウンターを浴びますよね。絶対に自分の距離を保ちながら、それで動いたりフェイントをかけたりするわけですよ。

シーザー それはもう練習しかない。

富山 いちいちそんなことを考えていられないから体で覚えていきますね。

チャンピオンになる資格

富山　基本的にすべての競技スポーツは健康にはよくない。こういうことをいっちゃいけないんだけど。やっぱり限界を超えるまでやるわけですよ。限界を超えた人間だけがチャンピオンになる資格があるわけです。低いラインで潰れちゃう人間は頂点には立てない。しかし、そのラインというのは「これ以上やったらお前さん危険だよ」というラインでもあるわけです。死点を超えた人だけがチャンピオンにつながる次のステージに行ける。

シーザー　限界を突破する練習を一度でもすると、もっと上があることがわかってきますよね。

富山　そこまで高めないと体にランナーズハイは訪れない。例えばスパーリングを4本やってバテていたのがそれを乗り越えると、次の日4本じゃ物足りなく、つまらなくなって。それで5本やるとヘトヘトになって。

シーザー　限界を超えると、もっとやりたくなるって人間って面白いよね。練習は苦しくなってからが本番だと思っているけれど、今の子はなかなかできない。ヘロヘロになってギブアップする子は多いんだけど、そこでギブアップしない子はやっぱり伸びるね。

RENAにレスリング指導をする富山英明さん

富山　シーザーさんや私の時代は、結構、恐怖感でやらされたところがあるわけですよ。「もう走れません」「バカ野郎！　もう1回やらねえと殺すぞおまえ！」なんて感じで。強制的に死点を超えさせられてきました。今はそういうことはできないわけですよ、パワハラで。「バカ！　疲れてからが勝負だ」と言ったら、シーザーさんも私もみんなクビになっちゃう。

シーザー　僕なんか最近は要領を覚えちゃってね、「お前だめか。もうだめ？」って問いかけて、あんまり強制しないんだ。すると、「いや、会長やります」「じゃあやってみればいいじゃん」ってなる。

富山　逆の反応が出てくるのね。

なぜチャンピオンになれたか？

シーザー　一番が大好きだったからだろうな。そんなことない？

富山　なんか一番になれる種目はないかなと思っていたんです。中学生の時、たまたまレスリングと出会って、たまたま県大会で優勝して。その時、自分に合っているスポーツなんじゃないかと感じて、「一番になりたい」とそこではっきりと目覚めたんです。自分が何に向いているかってわからないじゃないですか。

シーザーさんなんてある程度恵まれていますよね。歌もうまくて役者もやって、身長だって175くらいある。僕なんて160ないですからね。こんなチビが勝負するっていったってしようがないわけですよ。バスケやってもだめだし、走ったって足の長いやつには勝てないし。だからレスリングがウエイト制だと知った時は嬉しかった。同じ体重なら負けない自信があったから。

シーザー　レスリングって1階級違ったら、だいぶ体重差があるんですか。

富山　5キロですね。僕はもともと柔道をやっていて、中学生くらいのときって結構、体格差があるじゃないですか。やっぱりデカイのにはなかなか勝てないわけですよね。柔道は軽量級、中量級、重量級と3階級しかなかった。僕なんか50キロ台前半なわけです。でも、一番軽い軽量級でも60キロなんです。そんなんで戦ったってさ、そりゃ段も取ってある程度までいったけど、なんかね……。団体戦とかになったら80キロぐらいの倍くらいあるやつとやるわけだから、それが悔しくてね。親を恨みました。

シーザー　やっぱりお互いに一番になりたいというのがあったんだね。

富山　レスリングに出会って目覚めたんでしょうね。一番になりたいっていう。柔道のときは、やっぱり悔しいわけですよ。こっちは必死で練習していて、相手はたいして練習していないのにデカイというだけで勝ってしまう、なんだこれはと。自分のせいではないわけです。でも、レスリングの階級制にめぐりあって、これだったらひょっとしたら、っていうのはありましたね。

シーザー　俺なんかずっと一番でないといやなタイプだった。小学校の運動会なんかでもいつも一番なんですよ。あるとき、障害物競走で先頭で網をくぐっていったら後ろの奴がスーッと自分を抜いていく。俺が網を上げてそいつの進路を作っちゃっていたんだね。結果、2着。悔しくてそのまま家に帰りました。それぐらい一番が大好き。あれは頭に来たね。

勉強なら勉強で、運動なら運動で一番になりたかった。なにやったって一番を目指したんだと思う。俺は蹴りがもともと強かった。パンチはあんまりうまくないんですよ。蹴りだったら自信がある。そう考えると、ボクシングではなくキックボクシングとの出会いは幸運だった。ただ今思うともっと金になることをしておけばよかったって思う（笑）。キックボクシング界は貧乏だから。今頑張っている人に夢を与えたい。飯を食えるようにしてあげたい。

富山　そうですよね。たぶんだけど、自分の輝ける道を見つけられないまま生涯を終える人のほうが多いのだと思う。そんな中、僕はレスリングに出会えた。思春期、14歳の頃って多感でいろんなものに目覚めるじゃないですか。その中でなにが自分に向いているかと考えますよね。

勉強してもこれにどんな意味があるのかと思ったりしてね。数学の集合や因数分解とかどんな意味があるのかと思った。自分は受験に価値を見いだせなかった。勉強はしっかりやっていたけど。そんな中、レスリングをやらないかと声をかけられて。あ、自分の人生が変わるんじゃないかって。そのとき思ったんです。

巡り合わせの不思議

シーザー　うちは親父とおふくろが離婚して、おふくろはそのあとヤクザな男と再婚した。この親父とは合わなかった。いつか殺してやろうと思っていた。だけど唯一良かったのは、新しい親父の甥っ子が防長山っていう相撲取りでね。相撲をやめて、池野興信って名前でヘビー級のキックボクサーのチャンピオンになっていたんだ。
それを見てて、親父の伝手《つて》で池野さんのところに行った。だけど、池野さんは自分のところに来させたくないもんだから、大阪の知り合いがやっている、キックボクシングジムをすすめたんだ。西尾ジムというところ。

最近は仏さんを拝みながら「親父のことは好きじゃなかったけど、あなたのおかげで、今日飯を食わせてもらっています」と感謝するようになった。俺はおふくろを憎んだわけ。俺たちを捨てて、そんな男と一緒になりやがってと。だけどあの人がいたから今俺は飯食えてんだなと。だから、おふくろにも感謝しています。面白いですね、人生。

富山　だから年いくとそうなるんですね。私も怖い先輩だ親だ、いろいろあるんだけど、やっぱりそれがあって今日だから。否定も肯定もできないんですよ。やっぱり残るのは感謝しかないわけです。永遠に憎んだってつまんないじゃないですか。

シーザー　そうそう。

富山　それが年というもんですね。なんとなく最近そう思います。

シーザー　そういう人たちがいなければ今の自分がないわけで。年をとらないとそこに気付かないというか。昔は憎かっただけの思い出が今はそうじゃない。年をとると、視野が広がるというか、人間が大きくなるんです。こういうものの考え方ができるようになる。「なんでこいつはこんなひどい人なんだ」が「この人がいたおかげで」と頭の中で解読できる。

富山　それはたぶんシーザーさんが今成功しているからですよね。私もここまできたら成功の部類に入ると思うんですけど。そうなってくると、憎かった先輩にも感謝なんですよ。これが今そういう状況じゃなければ、「あの野郎がいたせいで」と一生恨んでいると思う。

シーザー そういう憎しみをバネにしていなかったら今はないですね。

日記の効能

富山 日記を書き始めたのは、中学2年の時、レスリングと出会ってからです。シーザーさんと違って私は運動会の競争でも1位を取ったことがなかったのに、レスリングで1位を取れた。県大会で優勝してもらった人生初のトロフィーがもう宝物でね。こんなちっちゃいやつだったけど。全校生徒の前で表彰されて、自分という人間が認められたと思って快感でした。

それでレスリングの道を極めるべく土浦日大高校に進んだんです。そのとき自分の人生が変わるんじゃないかと、記録しておこうと日記を書き始めたんです。もともと書くのはそんなに好きじゃなかったんだけど。

シーザー でもそうやって、日記ではなくても、反省だったり日々の心の内を書き留めている人って、みんな成功しているよね。必ず頂点に行くね。

富山　気持ちの整理ですよね。日々いろんな葛藤がある。進路でも、親がすすめる地元の進学校の水戸工業か、鬼のような先輩はいるけどレスリングの道につながる土浦日大か。まさに人生の岐路ですよね。

水戸工業に行けば家から近いし親は喜ぶ。なああの楽な道を行くか。土浦日大は厳しい寮生活で、血のション便がでるほど厳しい練習が待っている。

近所に土浦日大の剣道部に行った先輩がいて、土浦日大の運動部の状況は知っていたんです。「英明、お前あそこ行ったら血のション便だぞ」「それに耐えられるんだったら……でも甘くねえぞ」って。でもレスリングに一発、人生を懸けようと思って。だからたぶん覚悟だろうね。

日記はね、その「覚悟の人生」を記録しておこうっと思ったんだと思う。日記は結局、中学2年からオリンピックで金メダルを取ってから結婚するまで書き続けた。結婚すると本音が書けない。見られてしまうかもしれないし。それで日記をやめたんです。

シーザー　一人だといろんなことを書けるけど、奥さんいるとね。

富山　そうですね。奥さんが盗み見るということはないだろうけど。日記というのは本当に自分のベストフレンドなんです。自分の心を全部受け取って、誰にも言えないことも素直に書ける。あと普通に体重管理の意味もあったんです。

感情の吐露や整理の内観の意味合いだけでなく、日記には日々練習の後の体重やトレーニング内容も書いていました。そうすると、1年間の自分の体調のバイオリズムがわかるようになってくるんです。1年のうちこの月はテンションが上がる時期、この月は下がる時期とか出てくる。

不思議なんですが、そういう傾向は毎年必ず一緒なんです。自分の場合、5月くらいになると急に疲れが出てくる。だからこの時期はスクワットやフットワークを増やすとか、不調になったときの対処法なんかも記しました。

シーザー　すごいね。俺なんか書いていないから余計そう感じる。人間って面白いもんで、俺みたいにデビュー戦から3連敗したりね、すーっとすんなりいかないじゃないですか。アップダウンがあっていろんなことがある。

それで人間って成長していくのかなと思う。いろんなアップダウンに負けない精神を作っていかなきゃだめだね。それにはやっぱり自分を厳しく追いやって、そこで乗り越えていくしかないんじゃないかな。

大一番を迎えた若者にかける言葉

富山　僕はいつも教え子に言うんです。「殺されることはない。ビビるというのは殺されると思うからビビる。殺されることはないんだから、緊張する必要ねえだろう。勝つことは考えなくていい、とにかく自分の力を出し切ることをやりなさい。それで負けたなら相手のほうが強かったということなんだからしょうがない。だけど、出し切れずに負けたらだめだろう」と。

あんまり勝て、勝てとはいわないですね。選手の目を見たら、だいたい精神状態はわかります。オドオドしたやつには、前はバシッとビンタして「おまえ、気合入れていけ」ってやってたけど。今はね。

シーザー　昔は俺もそんな感じだった。ビンタしてね。だけどね、今自分が意識してやっていることは、練習のときはめちゃくちゃ厳しいことを言いますよ。「死ぬ気でやれ」とか。でも試合の前は、その人間に自信を持たせるんですよ。「おまえよく練習やってたじゃないか。だから大丈夫」って手を握ってやると、すごく選手が冷静な目になる。

エディ・タウンゼント（ガッツ石松ら世界チャンピオンを育てた名トレーナー）もそう

らしいんですけど、選手の手を握って何もいわない。そうやって選手に自信を持たせるといい試合をする。やっぱそこなんだなと思う。

練習のときは厳しく、しかし戦場に来たら、人間、自信を持てればある程度、すべて出せるし。だめだったらまた努力すればいい。だから自信をつけさせればいいと今は思っている。手を握って「大丈夫、全然大丈夫」って。

富山 練習は試合だと思って厳しく、いざ試合のときは練習だと思ってやりなさいと。いいんだよ、緊張なんかしなくて。練習どおり自信を持ってやればと。

シーザー そうそう。富ちゃんの言うとおりだね。練習のとき、厳しくやってね。「練習のときと同じようにやれば大丈夫だから」ってね。

富山 人間、なにが怖いって、死ぬのが一番怖いわけですよ。死ぬことはないんだよって言うと、あ、死ぬことはないんだと。僕はそういう考えなんです。コーチと選手の関係性でいえば、最後は信頼関係ですよね。

シーザー 信頼関係ですね。格闘技に関してね、富ちゃんとこんなにいろいろと話したのは初めて。とても有意義で楽しかったよ。

富山 僕も楽しかったです。

〈富山英明　とみやまひであき〉

1957年、茨城県生まれ。日本レスリング協会会長。日本大学生物資源科学部教授。日本大学卒業。土浦日大高校時代から大器といわれ、全日本選手権7連覇。1978年、1979年と2年連続で世界選手権優勝。1980年のモスクワ五輪は金メダル確実といわれながらも日本の不参加でメダルは〝幻〟に終わった。しかし金メダルへの夢を断ち切れず、大学卒業後も母校の合宿所で後輩の指導と自分の練習を続け、1984年のロサンゼルス五輪男子レスリングフリースタイル57kg級でついに宿願の金メダルを手にした。2020年東京オリンピック・パラリンピックでは選手村の副村長を務めた。

特別対談②

「戦う覚悟〜我々は何故に戦うのか〜」

シーザー武志
VS.
髙田延彦

出会いのきっかけ

高田 シーザー会長との縁は、佐山（聡）さんがきっかけでした。会長の「おう、一緒にやるかい」が始まり。僕は「覚えたいです、お願いします」と二つ返事でした。

シーザー タカ坊（髙田延彦）は真面目だったよね。

高田 会長と初めて会った時を思うと、今と印象は変わらないですね。僕に対しては、お客さん扱いというか、ちょっと会長の直弟子への対応とは明らかにスイッチが違いましたね。一呼吸おいた感じというのかな。丁寧に、こまかく教えてもらったのを覚えています。

シーザー あの頃はまだ現役だったから、もうちょっと今より怖い顔をしていたと思うよ（笑）。パンチパーマだった時期もあったけど、タカ坊（髙田）と会った時は、当時の流行りの髪型にしていたと思う。あの頃のキックボクサーはみんな強面で、とにかく見た目から相手を威圧していた。そんな時代だったんだよね。たかだか髪型かもしれないけれど、そういうところから変えていかなければ、キックボクシング界に未来はないと思っていたんだ。

髙田　輩《やから》を3人殺したとかいう、大阪時代の会長の武勇伝もその頃はまだ知らなかったですから（笑）。

シーザー　殺してないよ。やめてくれ（笑）。

髙田　だからとくに怖いイメージはなかったですよ。キックボクシングのすごい人という印象でした。

シーザー　みんなには、キックやパンチの立ち技を教えたよね。タカ坊は「僕はこういうのやったことがないんです」と言っていたよ。タイガージムにあった大きな鏡の前で、練習が終わってからも、一人で黙々とフォームを研究していた。あれは感動したね。「僕は下手だからやんないとダメなんです」って。

髙田　僕のバックボーンは少年野球で、もちろん本格的にキックボクシングを学んだのはあのときが初めて。キックもパンチもできない。そんなレベルでした。

シーザー　タカ坊は最初、体が硬かったね。だけどああいうのは何度もシャドーをしたりして慣れてくると自然に体は柔らかくなってくる。ずっと練習していて素晴らしかった。

髙田　あのときは新日本プロレスを出てすぐの頃。新日を出た理由は「強くなりたかったから」でした。そこにシーザー会長のような方が本物の打撃を教えてくださるという渡りに船の展開。「なんてタイミングがいいんだ、一番欲しいものを授けてくれるよ」と嬉しかったですね。

シーザー　そうだったんだ。

髙田　新日では寝技はやっていましたけど、打撃を習ったことがなかったんで没頭しました。マイサンドバッグを買って、巡業に持って行くほどでした。試合会場の体育館の2階からロープでサンドバッグを吊るして、お客さんが入るまで練習していたんです。しばらく続けていたら、坂口（征二）さんから「そんなモノ持ってくるな」と怒られて。馬耳東風でしたが。

シーザー　すごいね。基本は教えたけど、あとはタカ坊の努力だね。

髙田　でもめちゃくちゃミットを持っていただきましたね。

シーザー　大変だったね。みんなでかいから、ウイニーのでっかいミットを使っていたけれど、でかい人間がボッコボッコ打ってくるから、あれだけでぐったりした。芯をくったら体まで響くんだ。

髙田　シーザー流キックというのはムチみたいな感じ。たとえば左のミドルを打つとき、早いスイッチを踏んで蹴ることもあれば、ノーモーションから最短距離で入って真っ直ぐ蹴り上げるみたいなのもある。たとえば、レバーめがけてパーンと入って蹴る。そうかと思ったら一度ヒザを上げといて、真横にバチンと当ててみたり。それは顔もあるし、レバーもあるし。僕のイメージとしてはムエタイとも空手とも違う。あれはどういうところから生まれたんですか？

シーザー　あれはずっと自分なりに研究した。ヒザを相手に近いところにもっていって、あとからヒザから下がついていくようにすれば、威力があるんじゃないかと。ただ、ムエタイみたいに足を棒のように大きく回すやつもヒザを折るやつもやっていた。状況に応じて臨機応変にだね。

髙田　ヒザから真っ直ぐに出していって、あとから一気にヒザ下を伸ばす回し蹴り。柔らかいムチのような、しなるような蹴りでした。

シーザー　それはやっぱりムチを使うようなところで勉強したから（笑）。

髙田　ミット蹴りなんかも、後半になると足が上がらなくなってくる。手も出なくなってくる。そういうときの会長の一声一声が今も僕の中に深く残っています。「行け行け」「倒せ」「そんなことじゃ、〝つぼ八〟（練習後に行く居酒屋）行けないぞ」と（笑）。会長のミットの時間が終わると、体重が3、4キロ落ちていましたよ。僕なんかヘビー級に近い体格だったから、すぐ落ちるほうではありましたけど、本当にきつかったです。

シーザー　短時間で2、3キロ落とすのは、すごい疲れるよね。タカ坊にはいやというほどしごいたね。練習が終わるくらいの時間になると、タカ坊は酒好きだから舌なめずりしながら、「先に行って席とっておきましょうか」なんて言ってたね。「とらなくていいから」って。

髙田　あの頃、練習中は水分補給は一切なしですから。

シーザー　水も飲まないで、ビールばっかり飲んでよくないよね。

髙田　よくないです（笑）。

ＵＷＦの世界

シーザー　最初、知人に誘われて、ＵＷＦの試合を見に行ったんだ。「プロレスは興味ないよ」って言ったんだけど、新しいことをやっているからって、強引に連れていかれてね。そしたら、今までのプロレスと全然違って、蹴りがバンバン飛び出る。これ面白いなと思ったのがＵＷＦの最初の印象だね。

あの蹴りはしっかりガードしてても痛い。足に付けているレガースは結構、厚みがあるんだけど、かなり響くんだ。クッションがあると振動がすごくて、あれでみんな肝臓とかやられてしまう。素足よりレガースのほうが安全と思ってる人がいるかもしれないけれど、かえってレガースのほうがダメージが大きくて危険。今、総合格闘技とかでフィンガーグローブとか使っているけど、ボクシングのグローブのほうが当たったら衝撃は大きいよね。頭が揺れてしまう。実際のところ拳よりもキツイ。UWFではいつから打撃を使っていたの？

髙田　ユニバーサルからです。個人的には、シーザー会長との出会いがあり、この技術は必須だとわかり、身に付けたいという欲求が芽生えました。夢中で走りながら武器をポケットの中にストックしていた感覚ですね。

シーザー　俺とタカ坊の出会いのきっかけをつくってくれた佐山。彼は研究熱心だし、やっぱり天性の素質をもっていたね。蹴りの形も俺とよく似ていて、ヒザからガッと入る。

格闘技のセンスはすごかったね。

髙田　佐山さんに対する印象は、類を見ない運動神経の持ち主であり、クリエーターでもあるということ。運動神経が桁外れなのは、タイガーマスクの動きを見れば一目瞭然ですよね。

シーザー　シュートボクシングのルーツはカール・ゴッチさんなんだ。試合もよく見に来てくれた。ゴッチさんには世界の格闘技に関して、いろいろと教えてもらったね。世界の格闘技って韓国のテコンドーとかタイのムエタイくらいしか知らなかったんだ。

高田　アメリカのゴッチさんの道場でトレーニングしていた時期もあります。けど、筋トレもプロテイン摂取も禁止だったんです。でも体がどんどんしぼんできちゃうんで、隠れて筋トレをやってました。僕はプロレスラーなので体を大きくしなければならなかったんです。プロテインも飲んでました（笑）。

ゴッチさんはストリートでも強かった。世間的にはプロレスの神様と呼ばれていますが、戦いの、ファイトの神様でしたね。

アントニオ猪木伝説

シーザー　27歳ぐらいのとき、「アントニオ猪木、いつでもやってやるから来い」とか周りの人に言っていたんだ。そんなあるとき、同じリングに上がる機会があったんだけど、先にリングに上がっていた猪木さんが、俺がリングインしやすいようにロープを持ち上げてくれたんだよ。この人は俺とは器が違うなと思ったね。普通、猪木さんほどの人がそんなことしないでしょ？

髙田　見たことないですね。

シーザー　ビックリしたね。あれから猪木さんに対する考え方が変わった。

髙田　どうやって脅かしたんですか。

シーザー　脅かしてないよ（笑）。いつかやってやろうと思っていたけど、猪木さんはそういうレベルの人ではなかった。自分が恥ずかしくなったね。猪木さんは奥が深い。なにを考えているかわからない。伊豆の下田で一緒にカラオケをやったとき、「シーザーさん、一曲歌っていいですか」と言って、猪木さんは「人生楽ありゃ苦もあるさ～♫」っていう水戸黄門の主題歌を歌ったんだ。猪木さんも人知れず苦労しているんだと、心にグッときたね。

髙田　選曲ってそのときの気持ちをあらわしたりしますよね。

シーザー　うん。それでもう一曲歌っていいですかと言って、次に歌ったのはアニメ「タイガーマスク」の主題歌。「ゆけ、ゆけータイガー♫」って。

髙田　猪木さんが歌ったんですか？

シーザー　そう。「猪木さん、佐山のこと好きなんですか」って言ったら、「あいつは金儲けさせてくれたから」って言ってた（笑）。タカ坊のことも言ってたよ。「髙田もよくやってくれた」って。

髙田　ありがたいです。

シーザー　猪木さんはあんまりくだらないこと、せこいことを言わないよね。

髙田　たしかに猪木さんから愚痴とか、誰かの悪口というのは聞いたことがないですね。

シーザー　一回だけ、東京ドームのジェラルド・ゴードンとの試合終わりに、舞台裏で記者とかいっぱいいる中で、「あの野郎、本気で蹴りやがった」と言ってた（笑）。

髙田　本音がポロッと出ちゃったんですね（笑）。猪木さんのことは短い言葉でいえないですね。亡くなられたときも、自分の中のありったけの記憶を回想したんですが、なかなか一言でまとめることができない。なんというかあの人の戦っている姿から発せられるメッセージが自分の中に染み込んでいたから、強いやつとやってみたいなんて思考になっちゃったんですよ。なっちゃったというのも変ですが。猪木さんの影響力の強さなんです。

シーザー　猪木さんは奥行きがあるというか懐の深い方だったね。

髙田　それを自己表現しているというか……。うーん、例えばあの人の笑顔、大きく口開けて（物まねしながら）「わっはっはっは」って笑うじゃないですか。あれでその場の空気が一気に明るく変わるんです。独特な笑顔です。

シーザー　今のちょっと似ているんじゃないの？

髙田　いやいや、もっと寄せられますけど（笑）。とにかく僕が付き人のときも、あの人の笑いでみんなコロコロコロコロといっちゃう。すごい人間力です。

シーザー　タカ坊は猪木さんのしてきたことを見てきているからね。刺激を受けて異種格闘技戦に挑んでいったんだろう。

髙田　そこに尽きますね。

シーザー　猪木さんがいなかったら、プロレスラーになっていないもんね。

髙田　１００％なっていないです。猪木さんと出会っていなかったら。一体どんな荒れ果てた人生を送っていたか想像もつかないです。

シーザー　学生時代は野球のキャッチャーで、レベルが高い横浜で、「オール横浜」に選ばれていたんだから。プロ野球選手になっていたかもしれない。小さいときから抜群の身体能力を持っていたわけだよね。

髙田　それは小学生の話ですよ。

シーザー　いや、キャッチャーっていうのは、グラウンド上の全部を見ているから。全部できないといけないし、頭が良くないとできない。

髙田　キャチャーはキツいけど、楽しいですよね。試合を作ってるというか、回している感覚があります。

シーザー　俺は少年野球でピッチャーをやっていたんだよ。

髙田　じゃあ我々はちょうどいいですね。バッテリーということで。ピッチャーはわがままなんですよね。自己中心的。

シーザー　そうそう。じゃなきゃつまらない。キャッチャーはいろんな人のことを気にしなきゃいけないから大変だよ。

髙田　シーザーさんは、それこそ孫みたいな年の若いファイターからも慕われています。スタッフにも慕われて……。そういうことを考えると、昔は「俺が一番や。全員倒してやる」みたいなピッチャータイプだったと思うんですけど、現役を引退されて、シュートボクシングという団体を育てる立場に専念されてからは変わってきたんじゃないでしょうか。

シーザー　たしかにそうかもしれない。勝負師の心もまだあるけど、人間として何が大切なのかということを、最近やっと人に教えられるようになったね。生活の流れの中でいろいろあるじゃない。戦うだけの心じゃなくて、たとえばゴミを拾ったりとか、練習相手に感謝の気持ちを持ったりとか、そういうことの大切さを伝えられるようになったね。相手があってはじめて試合ができるわけだし。

そういうことを伝えていくと若い子がどんどん育ってくれるんだ。前は怒るばかりだった。最近は頭をおさえつけるより、若い人のいい部分を、どんどん引き出してあげようと思っている。

髙田　時代も変わりましたしね。昔の会長は鬼の形相でやっていて、お弟子さんの森谷くんなんてビビっちゃってもう。普段の彼と会長の隣にいる森谷くんは別人ですからね。

シーザー　でもあれだよ、タカ坊とこうやって対談をやっているのに、森谷のやつ、今日はすっぽかしていきなりフランスに行っちゃっているんだよ（＊本当はマッチメイクの重要な打ち合わせのため）。

髙田　言語道断ですね（笑）。

中学卒業後すぐに格闘界の道に進んだ2人の覚悟

髙田　覚悟といえるような覚悟はもっていなかったですね。新日に入って猪木さんの近くに行くんだって。その一心でした。蹴られたり投げ飛ばされたりというプロレスの痛さはまったく考えていなかったです。とにかくあそこに行くことしか視界に入ってなかったです。

覚悟は新弟子生活がスタートしてから少しずつ自分の中でつくられていった感じですね。というのも、入門してからとんでもないところに来ちゃったなと思ったんです（笑）。入った翌日の練習から。入るまでは、どんなことが待っているか、どんな厳しい世界なのか、テレビを見てたってわからない。華やかないいところしか見ていないわけでしょう。勝手に想像はしていたけど、覚悟はなかったですね。

小学生のときは、自分からケンカをふっかけるタイプではなく、遊びにしてもスポーツにしても、この指とまれ派だった。それが気に入らなくてちょっかい出してくるやつらとケンカするという具合で、おそらく会長とは違うタイプの少年でしたね。

中学に入ってからはもうプロレスラーを目指して、自己流のトレーニングに夢中。だから他校の生徒ともめるとか学生時代にありがちなことはなかったですね。まわりにはバイクに乗っているようなやんちゃな友人もいたけど、そういうものに興味がいかなかったですね。猪木さんの下へ向かうのに、寄り道する選択肢はなかったです。

シーザー　たしかにタカ坊とは違うね。俺は子どもの頃からヤンチャをしてケンカばかり。他校の生徒とのケンカがもとで高校も中退になって、もうどうしようもないなってときに沢村忠を見て、この世界に入ろうと思ったんだ。ケンカして金になるなら、これいいじゃないと。憧れというか、自分はこうなるんだという目標だけがあって覚悟とかはなかったね。その点はタカ坊と同じかな。

辛いことがあってもこれが普通なんだと思っていた。痛いのやだなとか、当たり所が悪かったら死ぬなとか、そういうことは全く考えていなかった。そんなこと考えていたら続けられないし。とにかくマイナスなことは一つも考えていなかったね。やりながらこれ危ないんじゃないのとか思うことはあったけれど。高い志を持つと、そこに行けば何かあるんじゃないかと思って頑張れる。あそこに行きたいなと。だから、いろんなことがあってもこれは乗り越えるしかないと思うわけだね。

髙田　そうですね。いろんな理屈はなかったですね。とにかくそこに行きたい。入ったあとは今日を乗り切るので精一杯。

シーザー　本当に毎日毎日が戦いだよね。

髙田　そうです。本当に毎日きつかったです。大げさかも知れませんが、今日もなんとか乗り越えたって気付いたらデビューしていた。デビューしたらしたで次の目標ができる。その繰り返しでしたね。

あんまり遠くを見ないで、今日一日をいかにいい状態で乗り切るか。中途半端にやらず、ベストを尽くしたその先には、思い描いている素敵な自分が仕上がっているんじゃないかと。仕上がっているはずだと。だから、こんな痛い思いするのはもうイヤだというのはなかったですね。

シーザー　うん。ないね。

高田　その痛さや辛さで、もうイヤだと思うのは、引退が近づいてきたときでしたね。キツイな、次が最後だなと。

髙田延彦の魅力

シーザー　正直だよね、自分に正直。嘘を言わない。だから俺もタカ坊の中にうかつに入っていって、いろんなこと言えないなと思ってる。結構気を遣っているよ。

高田　そうですか。

シーザー　うん。はっきりしてるから。

高田　シャレも冗談も言いますけど。

シーザー　それは別。タカ坊と話すときは、妙な変化球を使っちゃいけないなと思ってる。だからいつも真っ直ぐ、ストレートを投げているよ。タカ坊は本当にまともだけど、それは生きていくうえで、マイナスなところもあるんじゃないのと正直思っている。ただ、タカ坊は自分の意志が強くて「俺はこれでいいんだ」という、強い意志を持っている。そういうところ、好きだね。

なかなか今の時代で、この道だと思って生きている人は少ない。風に流されている人が多いよね。でもそんなでは一つのものを得ることはできないって、俺はそう思っている。俺もシュートボクシングというのを作って、38年。大変だけど、絶対これは世界に出せると思ってやっている。信じている。そんな気持ちを持っているから、タカ坊と気が合っているのかもしれないね。タカ坊は今、何を目標としているの?

髙田　あえて目標やら夢などなくてもいいんじゃないかなと思っているんです。会長のように団体を持っているわけじゃないし、横で格闘技を見ているのは好きですけど、自分で能動的に周囲を巻き込んで何かをやろうと思っていないです。これから先、夢や目標が出てくるかもしれないけれど、なきゃないでいいじゃないかと。それが今現在の自分の自然体なので。

ないとなんか物足りないみたいな感じになりがちでしょう。どこかでぴたっと自分の琴線に触れるような夢とか何かに出会っちゃったらそれはそれ。そのときに来たかと、じゃあちょっと追いかけるかとなるだろうし。そういう出会いがなければ、今のペースでのんびりとやっていくし。風の吹くまま気の向くままに歩いていけばいいと思っていますね。

14歳のときに決心した、猪木さんのところへたどり着くんだというのが61年間の人生で最大最高の夢でした。それはもう実現してしまった。あとはオマケです。自分の中では十分すぎるほど、出来すぎでございます。

シーザー武志の魅力

高田　会長は、僕に対しておっしゃたことをそのまま返したいくらい、誠実な方ですよね。ピュアな少年がそのままおじいちゃんになったような。僕は不思議と会長といると自分がリセットされるというか、ちょっと自分が不安定なときとかに会長に会うとピタッとリセットされるんです。そういう気持ちにしてくれる不思議なキャラクターで、少なくとも僕の周りにはいない人です。今でいう癒し系。

シーザー会長が一番厳しかった頃の弟子たちにしてみれば考えられないようなキャラクターでしょうけど、僕は出会ったときから、会長のイメージは変わっていないし、ずっとこのままですよ。罵詈雑言をいわれたこともないし、いつも同じスタンス、同じ空気感の中で接してくれている。ずーっと、いつ会っても、どんな場面でも。バッタリ会っても、変わらないですね。

シーザー　それはね、タカ坊のこと好きだからだよ。人間ってそうだよね、好きか嫌いかで生きている。あんまり好きじゃないけど、好きになる素振りをするとかさ。そんなの絶対に長続きしない。俺は子どもの頃からずっと思うままに生きているよ。

髙田　一緒にいて、心地よさを感じられたり癒されたり、そういう人ってなかなかいませんよね。人生においてめったにお目にかかれない。これだけ先輩で、長く交友関係が続いている。もちろん尊敬の気持ちは持っているけれど、くだらない話をしながら、昔から変わらずバカをやれるのは、会長だけです。

シーザー　格闘技の教える側、教えられる側として出会ったけれど、人間と人間との付き合いになってきて、今は人として大好きだなあ。ここって、人にとって一番大事なとこなんじゃないのかね。例えば自分はタカ坊から見たら先輩だけど、そんなことは関係ないよ。

人生というリングで戦う者たちへ

シーザー　人生というのが一つのリングだとして、もし今、そのリングの上で戦うことに苦しんでいる若い人がいれば、それを克服するキーワードは原点に戻ることだと思っている。自分の素の気持ち、自分が何をやりたかったのか、どういうふうに生きたかったのか、そういう気持ち、子どもの頃に抱くよね。あの原点に戻ったら人生はそんなに苦しいことではないと思う。そんなことない？

高田 人生において苦しかったことは多々あるけれど、少なくとも拒絶することはなかったです。

シーザー 子どもの頃になりたかった自己像。それを思い出せば、そこからまた頑張れると思う。これは自分自身の話でもあるんだけれど、「そういえばこんなことやりたかったんだな、俺」って年をとってきたからよけいにそう感じることがある。勇気が出ない若いやつがいたとしたら、とりあえずやってみたらと思う。なんでも。失敗してもいいから。一歩踏み出す勇気を持ってやっていけばいいんじゃないかな。ダメでもいいんだよ。ダメならダメでいろんなものを学ぶし、失敗するから成長がある。いろんなタイプの人がいるから、一概には言えないけれどね。

よく人生に対して漠然とビビっている人がいるけど、なんでビビるのかと思う。世間や周りの評価なんか気にせず、自分のやりたいことをやっていけばいいんだ。人生なんて。それが一番いい。自分がやりたいことをやるには、いろんなことをいってくる周りにいる外野を排除しながら、どうやったら前に進めるか考えるべきで、それは自分の努力。人生においてやりたいことがあればやればいい、悔いは残らないよ。

髙田　猪木さん全盛時代が、僕が小学校6年のとき。職業を選択したのが14歳のとき。自分がやり残したことや反省をリストにしたらすごい数になります。人生はオギャーと生まれた時から戦い。ある程度の年までは親が手厚くフォローしてくれるけど、あるところからは自分一人で戦っていかなければいけない。

これは自分にも問い聞かせているんですが、すべての人は刻一刻と墓の下に向かっているんですよね。そういう中で、せっかく生まれて、オールジャンル、どんなものにも、惹かれるものとか、ふと気になったものには怖がらないでチャレンジしてもらいたいですね。ふと気が付くと61歳。朝から晩まで24時間ずっと死ぬまでの時間を意識することはできないけれど、ふと思い巡らせてみてほしいなと思います。自分の限られた人生を。その年、その年代にしかできないことがあるから。

やらないで後悔するよりもやってみよう、一歩踏み出せば見えてくる景色がある。そうすることによって本来なかったはずのチャンスが舞い込んでくることもあるし、手を伸ばして摑むこともできる。限られた墓場までの人生、人生１００年時代とかいうけど、誰もが90、１００まで生きるわけじゃない。有限の人生を意識しながら、楽しもうよ。いつか振り返ったときにこんだけやったらもういいわと思えるようなドライブをしてもらいたいですね。人生、いかに悔い少なく生きるか。「迷わず行けよ、行けばわかるさ」になっちゃいますね。

シーザー そう、それを言おうと思った。

高田 猪木さんには、僕らが使いたい言葉を全部持っていかれちゃった。人に会ったら「元気ですかー」って言いたいじゃないですか。

シーザー 全部とられちゃったね。でも、本当に後ろを振り返っちゃダメだね。

高田 ダメです。

シーザー しょうがないじゃん、過ぎたものは。だけどこれからどうしよう、というのを考えて、マイナスな体験をプラスに変えるにはどうすればいいか考えて前に進む。失敗して「俺、ダメだな」なんていうのはつまらない。

高田 そうですよね。失敗したことをグジグジいってってもつまらない。人生1回です。

シーザー 俺なんかあと20年もしたら、終わっちゃう。

高田 それはわからないですよ。僕のほうが早いかもしれないです。

シーザー タカ坊は俺の葬式に出なければいけないから（笑）。あと10年くらいでシュートボクシングを世界に出せる。まず最初は香港かな。そのための人間関係は築けている。あとアメリカ進出だね。どうなるかはわからないけれど。

髙田　その話はとても楽しみですね。会長、まだ死ねませんよ。まだまだこれからです。挑戦です。

〈髙田延彦　たかだのぶひこ〉

1962年、神奈川県横浜市に生まれる。1980年に新日本プロレスに入門。翌81年にデビュー。その後、UWFインターナショナルなど数団体を経て、総合格闘技PRIDEのリングで、数々の名勝負を繰り広げる。2002年、田村潔司戦で現役を引退。現在はタレントとして活躍する一方、髙田道場の代表を務め、また、DKC（ダイヤモンド・キッズ・カレッジ）を主宰し、子どもたちに身体を動かすことの楽しさを教える体育教室を全国各地で展開している。

著書には、『最強の名のもとに』（徳間書店）、『10.11』（講談社）、『覚悟の言葉——悩める奴らよでてこいや！』（ワニブックスPLUS新書）がある。

あとがき

アントニオ猪木さん、カール・ゴッチさん、千代の富士親方、岡本太郎さん、菅原文太さん……この本に登場した多くのカリスマはすでに天国へ行かれてしまった。

カリスマたちはみな自分の世界を持っていて、独自の色彩を放っていた。

自分というものの輪郭がくっきりしていて、生き方にエッジが効いていた。

みな自分が築き上げたワールドの中だけで生きていける人だが、なぜだか異分野の私と仲良くしてくれていた。

その理由がなぜなのかは自分にはわからない。

なぜだか気が合った、そうとしかいえない。

けれど、一つ思うのは、私はどんな大物に会っても、ビビったり、気圧されたりということがないんだ。

これは、私が人一倍気が強かったからではないよ。

私にあったのは、自分の人生、そしてシュートボクシングの発展に対して、厳しく真剣に勇気を持って挑戦し続けているという自信。

充足感だけは、ありありとあったんだ。

自分が作り出す宇宙、世界の中でベストを尽くしているという自負――誰と比べるでもなく、自分に誇りを持って生きている。

これだけは、唯一、自分の中で自慢に思えることだ。

だから、どんなカリスマが現れても、臆することがない。

「あなたはあなたの人生で精一杯やっているんでしょう。それは私も同じ。世間的評価なんか知らない。私は私がやっていることに100%集中しているし、何を恐れる必要があるのか」

これが、日々私が思っていることだ。

このことを、未来ある若者にシュートボクシングを通して伝えていきたいと思っている。

「いつかじゃなくて、今、好きなことをやっていますか？　好きなことであれば全力を尽くせるはず。そして、君が愛する君だけのワールドをもっともっと充実、拡大させていけばいいんだ。他人は関係ない。もっと自分の世界に夢中になればいいんだ」

若者と出会うたびにいつも、そう思っている。

人生をうまくやるための小手先の技術論、処世術なんてつまらない。

迫力をもって人に伝えられるだけの人生を過ごしていたら、あなたの生きざまは、きっと誰かの認めるところになる。まずもって自分の人生が楽しくなる。

なぜカリスマたちと仲が良かったのか。

それは、とことんシュートボクシングに向き合ってきた私の人生の熱量を、彼らが認めてリスペクトしてくれたからなのではないか。

一流は一流を知るじゃないけれど、立場やジャンルは違っていても、世間的評価も関係なく、真剣に生きている人は、やはり同じように真剣に生きている人に共鳴、反応するんだ。その熱量に、その鋭さに。

「挑戦なくして、成長なし」

人間は挑戦する勇気がなければ、成長することもない。

観念上の問題ではなく、私はまさにこの言葉をなぞるかのように自分の人生において実践してきた。


もう一つ。

私は人に対する関心が人一倍強く、特に成功している人にすごく興味があった。どんな感じの人なんだろう、一度会ってみたいと率直に思うんだ。

だから、人に対する壁というのが薄くて、馴染みやすかったんじゃないだろうか。

そんなふうに自分で分析している。

媚びを売るというのとは違うが、人に好かれることはとても大事なことだと思っている。

どうしようもない悪ガキだった少年時代、多くの教師が私を邪険に扱う中、中学を卒業してからも私のことを心配して面倒を見てくれた今木という先生。

大阪のジムが潰れて神奈川へ出てきたとき、まったくお金がなかった私に何度も食事をご馳走してくれた「よろい寿司」のご主人、佐々木万次郎さん。

シュートボクシングを立ち上げてすぐの頃、信頼していたスタッフに裏切られ、どうにもならなくなった私を、たった一人だけ助けてくれた後援者の方。

どうしようもない苦難に直面し、自暴自棄になりかけたとき、私を支えて下さった方への恩義を忘れたことはない。

だから人に愛されること、好かれることのありがたみを身に染みて痛感している。

貧乏で夢も希望もなかった悲惨な少年時代から、よくぞここまで生き延びてこられたと我ながら思う。

生き延びただけではなく、今は日本格闘技界の一翼を担い、多くの若い選手たちに囲まれ、将来を見据える充実の日々を過ごせている。

これは本当にありがたいことだ。

だから、これからの人生は恩返しだと思っている。

幸いなことに、気力は充実しているし、成し遂げたいことがまだまだある。

未来ある若者を、シュートボクシングを通じて、この世界、この社会で堂々と生きていけるようにしてあげたい。

この本が遺書となってもいいように、魂を込めました。

いつ死んだってかまわないと思えるくらい全力で生きてきたけれど、68歳になっても、はっきりと前を見ているよ。

そんな私には必ずフォローの風が吹くはずだし、前向きな力が湧き出てくるはず。そう信じている。

残りの人生も、命が続く限り〝シュート〟(真剣勝負)するよ。

著者略歴

１９５５年８月17日、山口県に生まれる。17歳からキックボクシングをはじめ、１９７２年にプロデビュー。沢村忠の再来と呼ばれ、日本キックボクシング協会ウェルター級のタイトルを獲得。１９８５年、自ら考案した立ち技格闘技「シュートボクシング」を創設。１９８８年には世界ホーク級の初代チャンピオンとなる。プロモーターとしても世界各国を飛び回り、アメリカ、ヨーロッパなどに支部を設け、ワールドシュートボクシングの設立に奔走。シュートボクシングの大会『S-cup』を定期的に開催している。
著書に『絆——良い人生は情によって育まれる』（ネコ・パブリッシング）、『シーザー流 ビジネスの闘い方』（文芸社）がある。

最後《さいご》の伝言《でんごん》　勇者《ゆうしゃ》たちとの邂逅《かいこう》

二〇二三年一一月一〇日　第一刷発行

著者　シーザー武志《たけし》
発行者　古屋信吾
発行所　株式会社さくら舎　http://www.sakurasha.com
東京都千代田区富士見一-二-一一　〒一〇二-〇〇七一
電話　営業　〇三-五二一一-六五三三　ＦＡＸ　〇三-五二一一-六四八一
編集　〇三-五二一一-六四八〇　振替　〇〇一九〇-八-四〇二〇六〇

装丁　村橋雅之
印刷・製本　中央精版印刷株式会社

ISBN978-4-86581-404-0